DU 31 DÉCEMBRE 1922

CODE
DE LA ROUTE

PORTANT RÈGLEMENT GÉNÉRAL
SUR LA CIRCULATION…

TEXTE ET COMMENTÉ

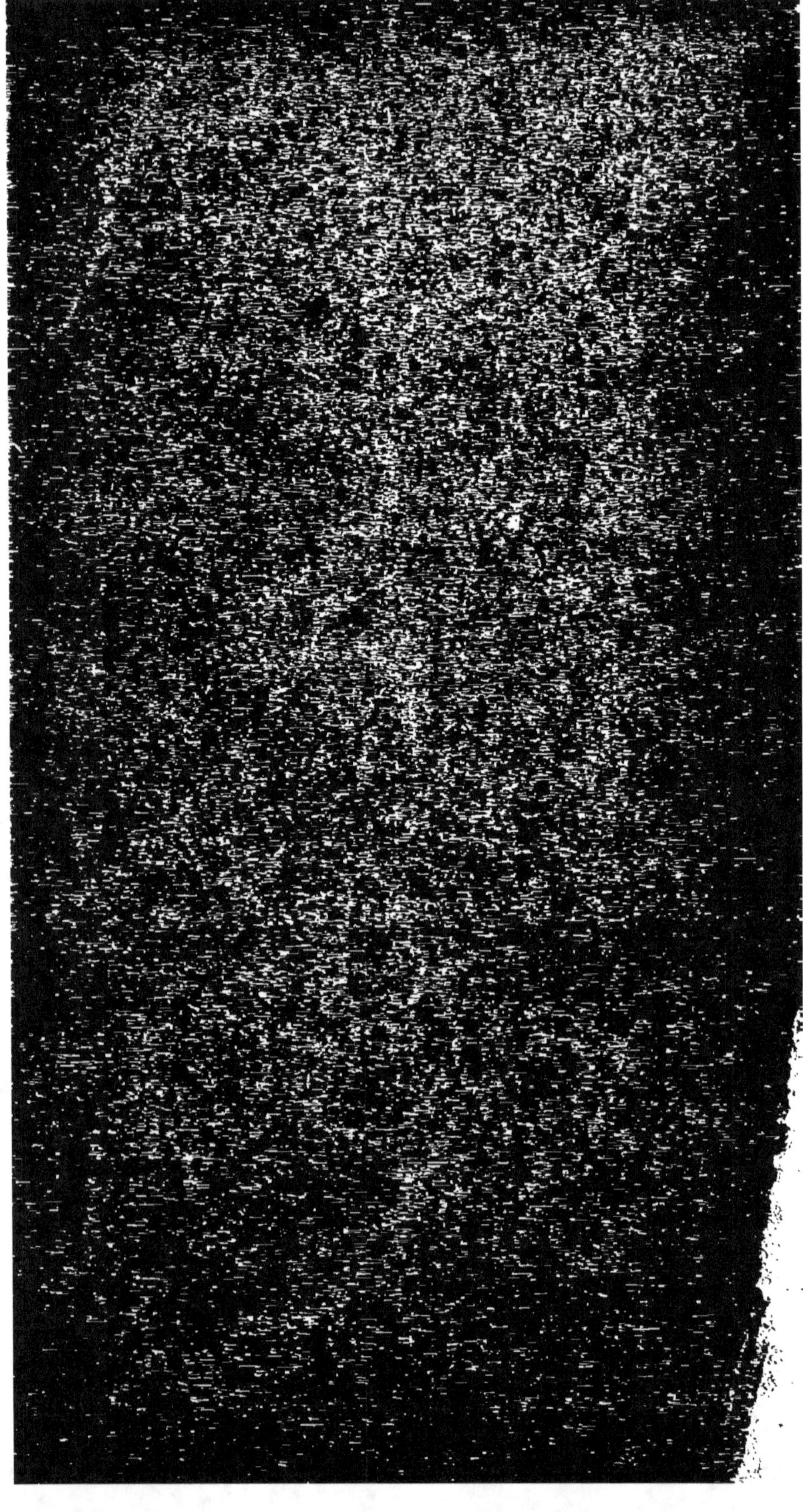

DÉCRET DU 31 DÉCEMBRE 1922

CODE DE LA ROUTE

PORTANT RÈGLEMENT GÉNÉRAL
SUR LA POLICE DE LA CIRCULATION ET DU ROULAGE

ANNOTÉ, ILLUSTRÉ ET COMPLÉTÉ PAR LES MODÈLES OFFICIELS

A l'usage de la gendarmerie et des automobilistes, cyclistes, etc.

6ᵉ ÉDITION
Mise à jour au 15 septembre 1926.

DÉCRET DU 31 DÉCEMBRE 1922

CODE DE LA ROUTE

PORTANT RÈGLEMENT GÉNÉRAL
SUR LA POLICE DE LA CIRCULATION ET DU ROULAGE

ANNOTÉ, ILLUSTRÉ ET COMPLÉTÉ
PAR LES MODÈLES OFFICIELS

A l'usage de la gendarmerie et des automobilistes, cyclistes, etc.

> « Il ne faut pas perdre de vue que la
> » gendarmerie est une sorte de *Magis-*
> » *trature armée* qui ne peut remplir
> » utilement son mandat que si elle est
> » entourée de l'estime et du respect
> » des populations. »
>
> (Circulaire du Ministre de la guerre
> en date du 9 avril 1925.)

CHARLES-LAVAUZELLE & Cⁱᵉ
Éditeurs militaires
PARIS, Boulevard Saint-Germain, 124
LIMOGES, 62, Avenue Baudin | 53, Rue Stanislas, NANCY

1926

AVANT-PROPOS

Le décret du 31 décembre 1922, abrogeant le décret du 27 mai 1921 (*Code de la route*), commence à entrer en application. Ce règlement comporte un certain nombre de dispositions nouvelles, appelant quelques explications et renseignements qu'il nous a paru nécessaire de mettre sous les yeux des militaires de la gendarmerie. Chefs de brigade et gendarmes vont, en effet, être les principaux agents éducateurs des populations et des usagers de la route.

Nous disons bien agents éducateurs, et non agents verbalisateurs, car le nouveau règlement va à l'encontre de certaines habitudes; de plus, le contrevenant est, en général, un honnête citoyen péchant surtout par ignorance ou par insouciance.

On peut objecter que nul n'est censé ignorer la loi; mais chefs de brigade et gendarmes seront-ils intransigeants sur ce principe au point de se rendre impopulaires en verbalisant contre tous les contrevenants, et cela sans tenir compte des habitudes locales à réformer? En se transformant en croque-mitaines, assureront-ils mieux l'application du décret du 31 décembre 1922? Certes non, car les procédés courtois et bienveillants aboutissent toujours, dans notre belle France, à des résultats bien supérieurs à ceux d'une surveillance tracassière et d'une répression impitoyable.

Chacun remplira donc beaucoup mieux son

devoir en démontrant aux riverains et usagers de la route rencontrés en défaut, combien l'infraction commise par eux risque d'être funeste soit à eux, soit à autrui.

Si les militaires de la gendarmerie savent ainsi persuader, puis sévir seulement contre les contrevenants volontaires, le décret du 31 décembre 1922 donnera tout ce que l'on est en droit d'en attendre :

Il fera des routes de France, déjà les plus belles, celles sur lesquelles tout facilite la circulation, et chacun y saluera l'apparition du **gendarme** comme le gage de l'esprit tutélaire de nos lois.

Ce faisant, le gendarme travaillera à **la prospérité** nationale qui a tout à **gagner au** développement du tourisme, et il agira conformément à la volonté des pouvoirs publics. La lecture des circulaires ministérielles n°ˢ 9145 T/13 et 12468 T/13 (guerre) en date des 27 mai et 25 juillet 1922 et de la circulaire des Ministres de l'intérieur et des travaux publics en date du 15 février 1923 confirme cette manière de voir et les conseils donnés dans nos commentaires; nous croyons donc très utile, bien que ces textes, à l'exception de la circulaire du 15 février 1923, soient relatifs au décret abrogé du 27 mai 1921, de les insérer dans notre *Code de la route annoté*. Ils confirment l'orientation toute nouvelle, seule légale et rationnelle, que le gouvernement entend donner à la gendarmerie, *force essentiellement protectrice*.

Le Ministre de la guerre et des pensions à MM. les généraux commandants de secteur et les chefs de légion de gendarmerie.

Je vous adresse une lettre de M. le Ministre des travaux publics relative à l'application du décret du 27 mai 1921 (1), particulièrement en ce qui a trait au cas spécial de la transhumance et aux prescriptions qui impliquent des changements dans les usages agricoles (2).

. . . .

Il conviendra d'insister tout particulièrement sur le rôle d'éducateurs que peuvent et doivent jouer les gendarmes en la circonstance.

Les conseils qu'ils devront donner, les preuves par exemples concrets qu'ils pourront administrer, la modération même de leur intervention convaincront les populations de la nécessité impérieuse de certaines prescriptions et auront une influence considérable sur l'évolution des habitudes rurales et l'adaptation, sans heurts, à la réglementation nouvelle.

. . . .

(Circulaire ministérielle n° 9145-T/13 du 27 mai 1922.)

---

(1) Décret abrogé par celui du 31 décembre 1922 qui en diffère d'ailleurs très peu puisqu'il modifie seulement les articles 3, 4, 5, 6, 7, 9, 13, 15, 22, 24, 25, 28, 29, 32 (§ B), 38, 56, 58, 60 et 61.

(2) Les modifications susvisées règlent précisément ces diverses questions; la circulaire n'a donc d'importance qu'au point de vue du rôle d'éducateurs dévolu aux militaires de la gendarmerie.

Le Ministre des travaux publics à M. le Ministre de la guerre (Direction de la Gendarmerie).

L'article 56 du décret du 27 mai 1921, sur la police de la circulation et du roulage, rencontre une sérieuse difficulté d'application (1).

. . . .

Dans ces conditions, il me paraîtrait très désirable que des instructions fussent données d'urgence à la gendarmerie, principalement dans les régions où s'effectue la transhumance, pour que, par une interprétation libérale des prescriptions susvisées, on évite, dans la répression, des excès de sévérité qui risqueraient de donner lieu à des incidents regrettables. Le Parlement a, du reste, manifesté à cet égard une volonté très nette lors de la discussion du budget du ministère des travaux publics et j'ai été amené à déclarer, au nom du gouvernement et à la satisfaction des Chambres, que toutes mesures seraient prises en vue d'une application modérée des prescriptions du « Code de la route » qui implique des changements dans les usages agricoles. La transformation des habitudes rurales est toujours lente; si justifiées que soient les nouvelles règles, elles heurtent ces habitudes, et leur maintien ne sera possible qu'à la condition d'éduquer progressivement les populations intéressées par une répression très douce et en quelque sorte paternelle. Je sais que telles sont bien les vues actuelles de la Direction de la Gendarmerie au ministère de la guerre.

Yves Le Trocquer.

---

(1) Difficulté supprimée par la publication du décret du 31 décembre 1922 abrogeant celui du 27 mai 1921. La circulaire n'a donc plus aucune valeur à ce point de vue, mais elle demeure importante en raison des conseils de modération qu'elle donne aux militaires de la gendarmerie.

*Le Ministre de la guerre et des pensions à
MM. les généraux commandants de sec-
teur, à MM. les chefs de légion.*

M. le Ministre des travaux publics me signale
que certaines légions n'apportent pas, dans l'appli-
cation du décret du 27 mai 1921, la modération re-
commandée par ma circulaire du 27 mai 1922 à
l'égard des populations rurales dont les habitudes
se trouvent contrariées par certaines dispositions du
Code de la route.

Ces dispositions font l'objet d'un travail de revi-
sion effectué dans un sens très libéral (1). En atten-
dant la notification des prescriptions nouvelles, **vous**
voudrez bien rappeler aux brigades qu'elles doivent
faire preuve dans la répression du plus large es·
prit de tolérance.

Il serait, en effet, inadmissible d'exiger aujour·
d'hui l'application rigoureuse d'un texte qui sera
modifié très prochainement.

J'insiste de la façon la plus formelle pour que le
personnel, à tous les degrés de la hiérarchie, s'ins-
pire, dans l'exécution et la surveillance du service,
de ces directives qui ne font que confirmer celles
de ma circulaire du 27 mai 1922.

*(Circulaire ministérielle n° 12468-T/13, du 25 juil-
let 1922.)*

---

(1) Travail de revision qui a abouti au décret du 31 décem-
bre 1922. Cette circulaire est donc devenue caduque, mais
elle demeure importante par les directives qu'elle vise.

AUTOMOBILISTES

VOUS SEREZ EN RÈGLE

En vous munissant :

1° Du permis de circulation ou laissez-passer des contributions indirectes;

2° De la carte rose;

3° De la carte grise;

4° D'une plaque métallique fixée à l'intérieur de votre voiture et portant le nom et l'adresse du propriétaire;

5° D'une plaque métallique indiquant le nom du constructeur et les caractéristiques de votre voiture;

6° Des numéros inamovibles avant et arrière, chiffres blancs sur fond noir;

7° De deux freins indépendants;

8° D'un appareil avertisseur à son unique;

9° De deux feux blancs à l'avant, d'un feu rouge à l'arrière à gauche, d'un phare de secours éclairant à 100 mètres si vous faites plus de 20 à l'heure;

10° En éclairant votre numéro arrière.

CONDUCTEURS DE POIDS LOURDS.

Ayez en outre :

Une plaque métallique indiquant le poids du véhicule à vide et en charge maximum;

Un appareil rétroviseur, si le poids en charge dépasse 3.000 kilogrammes.

MOTOCYCLISTES.

Ce qui concerne les automobilistes s'applique à

vous, mais vous n'avez qu'un feu visible de l'avant (verre blanc) et de l'arrière (verre rouge);

Ou un feu blanc avant et une surface réfléchissante rouge arrière.

Le phare de secours vous est imposé comme aux automobilistes.

Si vous avez un side-car, ayez les mêmes feux que l'automobiliste.

CYCLISTES

MONTANT UNE MACHINE AVEC OU SANS MOTEUR AUXILIAIRE.

Ayez :

1° La plaque d'identité;

2° La plaque fiscale;

3° Une plaque métallique indiquant le nom du constructeur et les caractéristiques du cycle;

4° Un feu visible de l'avant (verre blanc) et de l'arrière (verre rouge), ou visible de l'avant seulement, mais avec surface réfléchissante rouge arrière.

TOUS

Obéissez aux injonctions de la gendarmerie et des agents de la force publique; arrêtez-vous à leur signal ou à leur coup de sifflet.

Ne fuyez jamais, fuir est un délit qui coûte très cher et peut conduire en prison.

NOTA IMPORTANT. — Aux termes de la jurisprudence, le propriétaire de tout véhicule est personnellement passible des peines encourues pour contravention résultant même exclusivement du fait de la personne conduisant sa voiture, sauf à lui à faire connaître cet individu pour n'être tenu que civilement.

DÉCRET DU 31 DÉCEMBRE 1922
DIT « CODE DE LA ROUTE » [1]

Le Président de la République française,

Sur le rapport des Ministres de l'intérieur et des travaux publics;

Vu la loi du 30 mai 1851 sur la police du roulage et des messageries publiques, et notamment l'article 2 de cette loi;

Vu l'article 3 de la loi constitutionnelle du 25 février 1875;

Vu le décret du 10 août 1852 portant règlement d'administration publique sur la police du roulage et des messageries publiques, modifié et complété par les décrets des 24 février 1858 et 29 août 1863;

Vu les décrets des 10 mars 1899, 10 septembre 1901 et 4 septembre 1919 concernant la circulation des automobiles;

Vu le décret du 27 mai 1921 portant règlement général sur la police de la circulation et du roulage, modifié par les décrets du 3 juin 1922 et du 31 août 1922;

Vu l'avis des Ministres des finances et de l'agriculture;

Le Conseil d'Etat entendu,

DÉCRÈTE :

Article premier.— L'usage des voies ouvertes à la circulation publique est régi par les dispositions du présent règlement.

---

(1) Le décret du 31 décembre 1922, qui se substitue au décret du 27 mai 1921, est inséré dans tous les livrets matricules des véhicules automobiles militaires (circulaire ministérielle guerre n° 29490 M 11/12, du 20 avril 1922). C'est assez dire que ces véhicules doivent s'y conformer, sauf exceptions expressément visées par le Code de la route.

VOIES VISÉES PAR LE DÉCRET DU 31 DÉCEMBRE 1922.

L'article 1er indique d'une façon catégorique que le décret du 31 décembre 1922 s'applique à *toutes les voies ouvertes à la circulation.* Il n'y a donc plus aucune distinction à faire entre les diverses catégories de chemins ou de routes. C'est d'ailleurs ce que faisait remarquer le Ministre des travaux publics dans sa circulaire du 30 mai 1921, transmettant le premier « Code de la route » aux préfets, lorsqu'il écrivait : « Il n'y a pas de distinction à faire entre les routes, chemins ou rues diversement classés dans la voirie nationale, départementale, communale ou urbaine. »

Les droits de réglementation des préfets et des maîres subsistent cependant, ainsi qu'il résulte des dispositions des articles 10 et 62.

CONTRAVENTIONS.

Si le décret du 31 décembre 1922 s'applique indistinctement à toutes les voies ouvertes à la circulation publique, il ne s'ensuit pas qu'il n'y ait plus lieu, dans les procès-verbaux de contravention, de distinguer entre les infractions de grande et de petite voirie. Cette distinction subsiste, en effet, entièrement pour l'application des peines et, par conséquent, pour la destination donnée aux procès-verbaux.

USAGERS VISÉS PAR LE DÉCRET DU 31 DÉCEMBRE 1922.

Les six premiers chapitres du décret groupent les articles applicables :

A tous les véhicules, aux bêtes de trait, de charge et aux animaux montés (chap. Ier);

Aux véhicules à traction animale (chap. II);

Aux véhicules automobiles (chap. III);

Aux véhicules affectés aux services publics de transport en commun (véhicules attelés ou automobiles) (chap. IV);

Aux motocyclettes et aux cycles (chap. V);

Aux piétons et aux animaux non attelés ni montés (chap. VI).

En un mot, le décret du 31 décembre 1922 est applicable *à tous ceux qui utilisent la route (usagers),* sauf exceptions visées aux articles 4, 58 et 61 en faveur de la culture.

CHAPITRE Ier.

DISPOSITIONS APPLICABLES A TOUS LES VÉHICULES, AUX BÊTES DE TRAIT, DE CHARGE ET AUX ANIMAUX MONTÉS.

***

Pression sur le sol, forme et nature des bandages.

Art. 2. — La pression, exercée sur le sol par un véhicule, ne doit à aucun moment pouvoir excéder 150 kilogrammes par centimètre de largeur du bandage; cette largeur est mesurée au contact avec un sol dur sur un bandage neuf en état de fonctionnement normal.

Les bandages métalliques ne doivent présenter aucune saillie sur leurs surfaces prenant contact avec le sol. Cette disposition n'est pas applicable, pour les trajets entre la ferme et les champs, aux machines agricoles à traction animale et aux véhicules automobiles servant à l'agriculture. Toutefois, les roues ou tables de roulement de ces instruments et véhicules doivent être aménagées de manière à ne pas occasionner des dégradations anormales à la voie publique.

Les roues des véhicules automobiles servant au transport des personnes et des marchandises, ainsi que les roues de leurs remorques, doivent toutes être munies de bandages en caoutchouc ou de tous autres systèmes équivalents au point de vue de l'élasticité.

Les clous et rivets, fixés sur les bandages en caoutchouc en vue d'éviter le dérapage, doivent s'appuyer sur le sol par une surface circulaire et plate d'au moins 10 millimètres de diamètre ne présentant aucune arête vive et ne faisant pas saillie sur la surface de roulement de plus de 4 millimètres.

Le délai d'application des prescriptions du présent article aux véhicules en service, lors de la publication du présent règlement, est fixé par l'article 60 ci-après.

Les prescriptions du présent article ne sont applicables aux matériels spéciaux des départements de la guerre et de la marine qu'autant qu'elles ne sont pas incompatibles avec leur destination.

En spécifiant simplement que les roues ou tables de roulement (1) des instruments aratoires et véhicules de motoculture doivent être aménagés de manière à ne pas occasionner de dégradations anormales à la voie publique, le décret laisse la latitude aux agents verbalisateurs d'apprécier si les dégradations sont normales ou anormales. Ces agents doivent se reporter à l'article 9 (2) de la loi du 30 mai 1851 sur la police du roulage et des messageries publiques et se souvenir qu'en s'en tenant à la lettre de l'article 15 de la même loi, les gendarmes (3) ont seulement qualité pour « dresser procès-verbal du fait de dégradation qui aurait lieu *en leur présence* ».

Malgré cette obligation d'être présent au moment de la dégradation, la gendarmerie peut et même doit dresser procès-verbal de « toute espèce de détérioration commise sur les grandes routes, sur les arbres qui les bordent, sur les fossés, ouvrages d'art et matériaux destinés à leur entretien ». (Décret du 20 mai 1903, art. 193.)

Si les dégradations intéressent la petite voirie, il sera bon, surtout si elles peuvent compromettre la viabilité du chemin ou entraîner une usure rapide, de signaler, suivant le cas, les faits au maire ou à l'agent voyer, en lui envoyant par exemple une copie ou un extrait du procès-verbal pour information. (Voir décret du 20 mai 1903, art. 193.)

A noter qu'en ce qui concerne la grande voirie, l'envoi de deux expéditions du procès-verbal à l'autorité administrative permet à cette dernière de saisir soit

---

(1) Les tables de roulement sont les chenilles des tracteurs à chenille (carterpilars).

(2) Voir l'annexe.

(3) Cette règle s'applique à tout verbalisateur qui n'est ni ingénieur, ni conducteur ou employé des ponts et chaussées.

l'administration des ponts et chaussées, s'il y a lieu à remise en état de la route, soit le tribunal compétent s'il y a lieu à poursuite devant une autre juridiction que le Conseil de préfecture.

Les contraventions à l'article 2 sont à la charge du propriétaire du véhicule.

Circulaire des Ministres de l'intérieur et des travaux publics relative à l'application de l'article 2 du Code de la route.

MINISTÈRE DES TRAVAUX PUBLICS.

VOIRIE ROUTIÈRE.
2ᵉ Bureau.

Paris, le 6 juillet 1926.

Décret du 31 décembre 1922
(Code de la route).

Circulaire Série B, n° 39.

Le Ministre des travaux publics et le Ministre de l'intérieur à MM. les Préfets.

L'article 2 du Code de la route (décret du 27 mai 1921, modifié par décret du 31 décembre 1922) a institué les règles ci-après en ce qui concerne la pression exercée sur le sol par un véhicule et la nature des bandages des roues des automobiles :

La pression exercée sur le sol par un véhicule ne doit, à aucun moment, pouvoir excéder 150 kilogrammes par centimètre de largeur du bandage; cette largeur est mesurée, au contact avec un sol dur, sur un bandage neuf en état de fonctionnement normal.

....

Les roues des véhicules automobiles servant au transport des personnes et des marchandises, ainsi que les roues de leurs remorques, doivent toutes être munies de bandages en caoutchouc ou de tous autres systèmes équivalents au point de vue de l'élasticité.

....

L'article 60 du même décret avait admis, pour la mise en application des dispositions de l'article ci-dessus concernant la pression maximum des jantes sur le sol et les bandages des roues des véhicules automobiles et de leurs remorques, un délai qui expirait le 1ᵉʳ juin 1926.

Les intéressés ont, par conséquent, disposé d'un délai de cinq années, largement suffisant pour leur permettre d'effectuer en temps utile la transformation ou le remplacement de leur matériel.

Il est à remarquer que le chiffre de 150 kilogrammes a été adopté après une étude approfondie par le Congrès international de la route. De la discussion qui a eu lieu sur ce point à la conférence internationale de la circulation routière, où plus de soixante pays étaient représentés, il s'est dégagé l'opinion que ce chiffre était un grand maximum, les règlements intérieurs à certains pays prescrivant même des pressions limites de 100 à 125 kilogrammes.

L'expérience a montré, en effet, que le passage des véhicules dont la pression sur le sol dépasse le maximum autorisé, et l'emploi, pour les remorques automobiles, de bandages rigides, même si ces véhicules ne marchent qu'à une vitesse réduite, constituent un facteur important de l'usure des chaussées et nuisent, par là même, à la sécurité de la circulation.

Les inconvénients des errements actuels, dans les régions où s'effectuent de lourds charrois, ont soulevé les protestations des usagers de la route qui, par l'organe de leurs représentants et des corps élus, ont demandé que, par une stricte application des dispositions réglementaires, on évite à l'avenir les détériorations anormales des chaussées dans l'intérêt général de la sécurité et de la commodité de la circulation sur les voies publiques.

Quels que soient les usages locaux, il n'y a donc pas lieu d'user envers certaines catégories de contrevenants d'une nouvelle tolérance que rien ne justifierait et qui ne manquerait pas d'être invoquée par un nombre toujours plus grand de propriétaires de véhicules.

C'est pourquoi nous croyons devoir vous rappeler qu'il vous appartient de donner des instructions précises aux autorités de police de votre département pour que toute infraction aux prescriptions de l'article 2 du Code de la route fusse l'objet d'un procès-verbal en vue de l'application sans faiblesse des sanctions prévues par la loi.

Le Ministre de l'intérieur,
Jean Durand.

Le Ministre des travaux publics,
Daniel-Vincent.

Gabarit des véhicules.

Art. 3. — Dans une section transversale, la largeur d'un véhicule, toutes saillies comprises, ne doit nulle part être supérieure à $2^m,50$. — L'extrémité de la fusée, le moyeu, les organes de freinage et toutes pièces accessoires comprises ne doivent pas faire saillie sur le reste du contour extérieur du véhicule.

Seuls, peuvent faire exception à cette dernière règle :

1° Les machines agricoles;

2° Les véhicules à traction animale dont la carrosserie ne surplombe pas les roues ou qui ne sont pas pourvus d'ailes ou de garde-boue; dans ce cas, le point le plus saillant de la fusée, du moyeu ou des organes de freinage, toutes pièces accessoires comprises, ne doit pas faire saillie de plus de 20 centimètres sur le plan passant par le bord extérieur du bandage.

Le délai d'application des prescriptions ci-dessus, aux véhicules en service lors de la promulgation du présent règlement, est fixé par l'article 60 ci-après.

Les prescriptions des paragraphes précédents ne sont applicables aux matériels spéciaux des départements de la guerre et de la marine qu'autant qu'elles ne sont pas incompatibles avec leur destination.

Les chaînes et autres accessoires, mobiles ou flottants, doivent être fixés au véhicule de manière à ne pas sortir, dans leurs oscillations, du contour extérieur du véhicule et à ne pas traîner sur le sol.

La largeur maximum s'applique à la largeur de tout le véhicule et non pas seulement aux essieux, comme cela avait lieu sous la réglementation du décret abrogé du 10 août 1852.

L'extrémité de la fusée, le moyeu, toutes pièces accessoires comprises, *ne doivent pas faire saillie sur le reste du contour extérieur du véhicule.*

Cette prescription a une grande importance pour les véhicules automobiles, car de telles saillies pourraient, en raison de la vitesse, causer de graves accidents dans le croisement ou le dépassement de véhicules, de piétons ou d'animaux. Le danger n'existe naturellement pas pour les instruments agricoles et les véhicules à traction animale, d'où l'exception faite en leur faveur par l'article 3.

Les contraventions sont à la charge du propriétaire du véhicule.

Éclairage.

Art. 4. — Sans préjudice des prescriptions spéciales des articles 24 et 37 ci-après, aucun véhicule marchant isolément ne peut circuler après la tombée du jour sans être signalé vers l'avant par un ou deux feux blancs et vers l'arrière par un feu rouge.

L'un des feux blancs ou le feu blanc, s'il est unique, est placé sur le côté gauche du véhicule. Il en est de même du feu rouge. Celui-ci peut être produit par le même foyer lumineux que le feu gauche d'avant, dans le cas où la longueur totale du véhicule, chargement compris, n'excède pas 6 mètres (1).

Toutefois, les voitures agricoles, se rendant de la ferme aux champs ou des champs à la ferme, pourront n'être éclairées qu'au moyen d'un falot porté à la main. Elles seront même dispensées de tout éclairage sur les chemins ruraux et vicinaux ordinaires et, exceptionnellement, sur des sections de chemins vicinaux d'intérêt commun, à la condition que tous ces chemins ou sections de chemin n'intéressent pas la circulation générale et qu'ils aient été désignés et portés à la connaissance du public par

---

(1) Cette longueur s'entend du véhicule lui-même, chargement compris, et non pas du véhicule attelage compris.

arrêté préfectoral. Il ne sera exigé, pour les voitures à bras, qu'un feu unique, coloré ou non.

Quand les véhicules marchent en convoi, dans les conditions fixées par l'article 13 du présent règlement, le premier véhicule de chaque groupe de deux voitures se suivant sans intervalle doit être pourvu d'au moins un feu blanc à l'avant et le second d'un feu rouge à l'arrière (1).

SAUF L'EXCEPTION EN FAVEUR DE LA CULTURE, VISÉE AU 3ᵉ ALINÉA DE L'ARTICLE 4, TOUS LES VÉHICULES DOIVENT ÊTRE MUNIS DE LANTERNES (2).

Alors que le décret abrogé du 10 août 1852 n'imposait l'usage de lanternes qu'aux voitures de roulage ou de messageries, laissant aux arrêtés préfectoraux le soin de réglementer l'éclairage des autres véhicules, la nouvelle réglementation exige que *tous les véhicules, même les voitures à bras et les voitures agricoles*, soient éclairés. Toutefois, pour ces dernières, l'éclairage n'est exigé que sur les chemins intéressant la

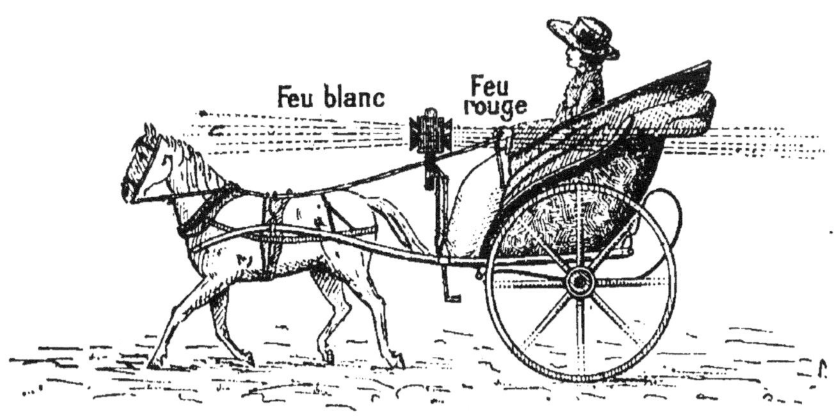

VÉHICULE DE MOINS DE 6 MÈTRES
(Peut avoir une seule lanterne *à gauche : à feu blanc* visible de l'avant; à *feu rouge* visible de l'arrière.)

---

(1) Le texte officiel dit bien le second, cependant que l'article 13 autorise des convois de trois voitures; c'est donc troisième et non second qu'il faut comprendre, ou mieux songer que ce mot second désigne réellement le dernier véhicule du convoi.

(2) Les voitures d'enfants et les brouettes ne sont pas compris comme véhicules.

circulation générale. (Voir le 3ᵉ alinéa de l'article 4).
Cette exception à la règle générale fera l'objet d'arrê-
tés préfectoraux.

Il y a lieu de noter que, bien que les traîneaux ne
soient pas visés expressément par le décret du 27 mai
1921, la réglementation leur est entièrement appli-
cable.

Un arrêt de la Cour de cassation, en date du 20 juil-
let 1905, ne laisse d'ailleurs aucun doute sur l'assimi-
lation de ce moyen de locomotion aux autres véhi-
cules.

(VÉHICULE DE PLUS DE 6 MÈTRES, CHARGEMENT COMPRIS.
Doit avoir au moins deux feux : un *feu blanc* à gauche en
avant ; un *feu rouge* à l'arrière.)

L'éclairage arrière est aujourd'hui très important
pour éviter les accidents, lorsque les automobiles dé-
passent des véhicules plus lents. Il est, de même, in-
dispensable de respecter la position des autres feux,
afin que les conducteurs, appelés à croiser un véhi-
cule, connaissent exactement son emplacement.

VOITURE AGRICOLE ALLANT DE LA FERME AUX CHAMPS
OU DES CHAMPS A LA FERME.

Doit être éclairée au moins par un falot tenu à la main, sauf **exceptions**
visées par le 3ᵉ alinéa de l'article 4).

VOITURE A BRAS.
(Un *feu unique*, coloré ou non.)

CONVOI.
(Pour un convoi, au moins : un *feu blanc* au premier ;
un *feu rouge* à l'arrière du dernier.)

Les véhicules doivent être éclairés dès la *tombée du jour*. Les articles 24 et 49 du décret du 31 décembre 1922 emploient l'expression « *dès la chute du jour* »; à l'article 37, il est dit : « *pendant la nuit* ».

Cette imprécision apparente se conçoit si l'on songe que l'obscurité se fera bien plus vite par temps couvert, ou temps de pluie, que par temps de neige et clair, par exemple..;

La jurisprudence établie à l'occasion de l'application du décret du 10 août 1852 permettrait de conclure que le temps de l'éclairage est cependant compris entre le coucher et le lever du soleil. (Arrêts de la Cour de cassation en date des 7 février 1857, 29 novembre 1860, 2 février 1861, 20 février de l'année suivante, 2 mars 1863, 30 janvier 1874, 25 août 1877, 6 février 1886, 21 mars 1912, 8 août 1913.)

La proposition de résolution du 23 mars 1922 (1) demandait de fixer l'obligation de l'éclairage une demi-heure après la disparition du globe solaire et qualifiait d'excessive la jurisprudence susvisée. Le décret du 31 décembre 1922 s'en tient cependant aux termes « *tombée du jour* » « *dès la chute du jour* », « *pendant la nuit* ». Il semble ainsi admettre en partie la thèse du projet de résolution sans rompre cependant avec la jurisprudence antérieure. Les verbalisateurs conservent ainsi une certaine latitude pour apprécier les faits, mais leurs procès-verbaux doivent être toujours très précis, afin de ne laisser aucun doute au juge.

Le temps de nuit ne peut donc, en aucun cas, être celui déterminé par l'article 169 du décret du 20 mai 1903, qui reproduit l'article 1037 du Code de procédure civile.

Le fait que le véhicule serait garé sur l'accotement près d'un réverbère qui l'éclaire ne le dispenserait aucunement d'avoir ses feux allumés. (Arrêt de cassation du 11 novembre 1911.)

Le véhicule arrêté sur la voie publique doit également être éclairé. (Cassation, 21 mars 1912.)

Par contre, il n'y a pas contravention si, par temps très sombre ou brouillard très épais, les feux ne sont pas allumés dans la journée avant le coucher du soleil.

Il n'y a également pas contravention lorsque les feux viennent de s'éteindre accidentellement et que le conducteur les a rallumés au moment où il s'en aperçoit soit personnellement, soit par suite de l'intervention des agents de l'autorité. (Arrêt de cassation du 10 janvier 1879. Voir Dalloz.)

La contravention existe, cependant si, sous prétexte de vent violent éteignant les feux, le conducteur ne s'est pas muni de lanterne. (Dalloz, arrêt de cassation du 2 mars 1865.)

Enfin, la Cour d'appel de Paris a, par jugement du 20 juin 1903, estimé qu'il pouvait être dressé autant de contraventions que la voiture traversait de cantons sans avoir ses feux allumés.

La contravention pour défaut d'éclairage d'un véhicule est à la charge de son conducteur, alors même que le propriétaire serait dans la voiture. (Cassation, 15 février 1862.) La jurisprudence s'est cependant établie de rendre le patron responsable lorsque le véhi-

---

(1) Déposée sur le bureau de la Chambre par 60 députés.

cule n'est pas muni de lanternes, car, dans ce cas, le conducteur est mis par son patron dans l'impossibilité de respecter la loi et les règlements sur la circulation.

Circulaire du Ministre de l'intérieur relative à l'éclairage des véhicules hippomobiles et cycles.

Paris, le 5 mars 1926.

Le décret du 31 décembre 1922 exige qu'après la tombée du jour tout véhicule, de quelque nature qu'il soit, circulant ou stationnant sur une voie publique, soit signalé : 1° vers l'avant, par un ou deux feux blancs; 2° vers l'arrière, par un feu rouge. Un feu blanc et le feu rouge doivent être placés sur le côté gauche du véhicule, qui doit tenir sa droite, de façon que l'obstacle qu'il constitue soit signalé aussi bien aux véhicules venant devant lui et en sens inverse qu'à ceux qui le suivent.

Cette obligation résulte : 1° pour tous les véhicules, de l'article 4 du décret précité, qui ne fait d'exception qu'en faveur des voitures agricoles se rendant de la ferme aux champs, et inversement, dont l'éclairage peut être limité à un simple falot porté à la main, ou même supprimé, sur certains chemins n'intéressant pas la circulation générale, spécialement déterminés par arrêté préfectoral; 2° pour les véhicules automobiles et les cycles à moteur mécanique, de l'article 24 du même décret et de l'arrêté ministériel du 28 juillet 1923 qui a fait l'objet d'instructions spéciales du Ministre des travaux publics en date du 10 avril 1925; 3° pour les véhicules, attelés ou automobiles, affectés aux services publics de transport en commun, de l'article 37 du Code de la route; 4° pour les cycles sans moteur mécanique ou à simple moteur auxiliaire, des articles 48 (nouveau) (décret du 12 septembre 1925) et 49, qui tolèrent la substitution au feu rouge arrière d'un appareil à surface réfléchissante rouge.

Or, il m'est signalé que, si les Services de police compétents et la gendarmerie se montrent très sévères, et à juste titre, envers les automobilistes dont les feux ne sont pas réglementaires, il n'en serait pas de même à l'égard des conducteurs de voitures hippomobiles et des cyclistes, qui circuleraient fréquemment, la nuit, soit dépourvus de tout feu, soit avec des feux disposés de telle sorte qu'il serait impossible de les apercevoir, notamment à l'arrière, le feu rouge étant, le plus souvent, masqué par le véhicule lui-même ou par un chargement, et il en résulterait une gène considérable pour la circulation générale en même temps que de nombreux accidents.

J'appelle toute votre attention sur cet état de choses en vous priant de vouloir bien donner d'urgence à la gendarmerie, ainsi qu'aux Services de police placés sous vos ordres, et inviter les maires de votre département à donner aux autorités de police municipale toutes instructions utiles pour que soit exigée strictement et uniformément, de la part de tous les usagers de la route, l'application de la réglementation précitée, spéciale à l'éclairage des véhicules.

Plaques.

Art. 5. — Indépendamment des plaques spéciales aux automobiles définies à l'article 27 ci-après, tout propriétaire est tenu de faire apposer d'une manière très apparente, sur les véhicules lui appartenant, une plaque métallique portant en caractères lisibles, ses nom, prénom et domicile.

Sont exceptés de cette disposition :

1° Les voitures à bras;

2° Les voitures à traction animale destinées au transport des personnes et étrangères à un service public de transports en commun;

3° Les voitures appartenant à l'administration des postes;

4° Les voitures, chariots et fourgons appartenant aux départements de la guerre et de la marine;

5° Les véhicules automobiles dont l'usage est réservé exclusivement aux besoins des services de police et de sûreté générale;

6° Les voitures employées à la culture des terres, au transport des récoltes, à l'exploitation des fermes, soit qu'elles se rendent de la ferme aux champs ou des champs à la ferme, soit qu'elles servent au transport des objets récoltés, du lieu où ils ont été recueillis jusqu'à celui où, pour les conserver ou les manipuler, le cultivateur les dépose ou les rassemble.

Des décrets déterminent les marques distinctives que doivent porter les voitures désignées aux paragraphes 3 et 4 et les titres dont les conducteurs doivent être munis.

La plaque est obligatoirement en métal (Conseil d'Etat, 10 mars 1843); mais aucune dimension n'est fixée, il suffit que la plaque soit très apparente. (Cassation, 11 mars 1905.)

Le décret ne fixe également aucune dimension pour les lettres des inscriptions; il suffit, désormais, que ces inscriptions soient lisibles.

De même, l'indication du canton et du département n'est plus exigible si le domicile peut être sûrement déterminé; n'est plus exigible non plus l'indication de la profession et le seul prénom usuel suffit.

VÉHICULES QUI DOIVENT ÊTRE MUNIS D'UNE PLAQUE.

Les exceptions à la règle fixée par l'article 5 sont si nombreuses, qu'il nous paraît utile de faciliter la tâche des chefs de brigade de gendarmerie, en indiquant quels véhicules doivent être munis d'une plaque. Ce sont :

1° Les automobiles de tous genres;

2° Les cycles et motocycles;

3° Les voitures agricoles transportant les produits de la ferme au marché ou d'une propriété à une autre propriété. (Arrêt de la Cour de cassation du 17 mars 1866 et Conseil d'Etat, 4 janvier 1902) (1);

4° Les véhicules attelés destinés à tout transport autre que celui des personnes, ce dernier transport fût-il occasionnel ou effectué de concert avec celui de marchandises. (Arrêt de la Cour de cassation du 4 janvier 1902);

Par contre, si le transport des personnes est la seule destination du véhicule, la plaque n'est pas exigible, quand bien même il transporterait occasionnellement des marchandises. (Cassation, 28 mars 1879.)

5° Les véhicules des entreprises de transport en commun.

---

(1) Le paragraphe 6° de l'article 5 du décret du 31 décembre 1922 reproduit le paragraphe 4° de l'article 3 de la loi du 30 mai 1851; il est donc naturel de se baser sur des arrêts antérieurs au 27 mai 1921.

Les traîneaux utilisés aux transports susvisés doivent être pourvus d'une plaque. (Cassation, 16 juillet 1897.)

Les voitures d'un même propriétaire marchant même réunies en convoi doivent porter chacune une plaque. (Conseil d'Etat, 21 janvier 1842.)

La contravention est à la charge du propriétaire, mais le conducteur est également punissable, car, aux termes de l'arrêt de cassation du 26 février 1857, il y a deux contrevenants et deux pénalités.

Si la plaque est fausse et si cela est intentionnel, il y a délit et le procès-verbal doit viser l'article 8 de la loi du 30 mai 1851.

Largeur du chargement.

Art. 6. — La largeur du chargement des véhicules ne peut excéder $2^m,50$. Toutefois, les préfets des départements peuvent délivrer des permis de circulation pour les objets d'un grand volume qui ne seraient pas susceptibles d'être chargés dans ces conditions; ces permissions seront soumises aux règles fixées par l'article 14 ci-après.

Sont affranchies de toute réglementation de largeur du chargement, les voitures d'agriculture lorsqu'elles sont employées au transport des récoltes de la ferme aux champs et des champs à la ferme ou au marché. En outre, ne sont pas astreintes à cette réglementation les voitures chargées de paille ou de foin qui se rendent au lieu de livraison situé dans un rayon de 25 kilomètres.

Aucun siège fixe ou mobile, placé sur le côté d'un véhicule, ne doit faire saillie sur la largeur du véhicule ou de son chargement, ni être disposé de telle sorte que le conducteur, assis sur ce siège, ait tout au partie du corps en saillie sur la largeur du véhicule ou de son chargement.

Les prescriptions du présent article ne sont applicables aux matériels spéciaux de la guerre et de la marine qu'autant qu'elles ne sont pas incompatibles avec leur destination.

Les sièges formant saillie n'étaient pas interdits par le décret du 10 août 1852; aussi, nombre de charretiers installent-ils des sièges de fortune de ce genre. Il sera bon de s'en souvenir dans l'application de la nouvelle prescription édictée par l'avant-dernier alinéa de l'article 6 et d'agir à cet égard avec d'autant plus de tact qu'il s'agit, en somme, d'éduquer avant de réprimer. Tout voiturier comprendra que le développement de la circulation automobile rend de tels dispositifs infiniment dangereux pour ceux qui s'en servent. Il se soumettra assez facilement à la nouvelle réglementation si elle lui est présentée ainsi et non comme source de contraventions d'un nouveau genre.

Les préfets et les maires peuvent, pour la sûreté de leurs administrés, fixer des limites de chargement inférieures à celles prévues par l'article 6. Dans ce cas, les procès-verbaux de contravention viseraient les articles 475, paragraphe 4°, et 476 du Code pénal.

Conduite des véhicules et des animaux.

Art. 7. — Tout véhicule doit avoir un conducteur; cette règle ne souffre d'exception que dans les cas prévus par les articles 13 et 32 du présent règlement.

Les bêtes de trait ou de charge et les bestiaux doivent être accompagnés.

Les conducteurs doivent être constamment en état et en position de diriger leur véhicule ou de guider leurs attelages, bêtes de selle, de trait, de charge ou bestiaux. Ils sont tenus d'avertir de leur approche les autres conducteurs et les piétons.

Ils peuvent utiliser le milieu ou la partie droite de la chaussée; mais il leur est formellement interdit de suivre la partie gauche, sauf en cas de dépassement ou de nécessité de virage.

La conduite des troupeaux est spécialement réglementée par l'article 56 ci-après.

Le conducteur monté sur le cheval de tête n'est pas jugé en état de conduire ses chevaux. (Cassation, 17 août 1867.)

Les conducteurs avertissent de leur approche par sonnailles, grelots, corne ou à la voix, car rien ne réglemente ce mode d'avertissement.

Les dispositions de l'article 7 correspondent à celles de l'article 475 (paragraphe 3°) du Code pénal ainsi conçues :

Seront punis d'une amende depuis 6 francs jusqu'à 10 francs inclusivement :

. . . .

3° Les rouliers, charretiers, conducteurs de voitures quelconques ou de bêtes de charge qui auraient contrevenu aux règlements par lesquels ils sont obligés de se tenir constamment à portée de leurs chevaux, bêtes de trait ou de charge et de leurs voitures et en état de les conduire; d'occuper un seul côté des rues, chemins ou voies publiques; de se détourner ou ranger devant toutes autres voitures, et, à leur approche, de leur laisser libre au moins la moitié des rues, chaussées, routes et chemins.

. . . .

Ce paragraphe ne s'applique pas aux contraventions relevées sur les voies classées dans la grande voirie : routes nationales, routes départementales, chemins de grande communication. Pour les contraventions relevées sur ces voies, les poursuites ont lieu également devant les tribunaux de simple police, mais en vertu des dispositions de la loi du 30 mai 1851 sur la police du roulage et de l'article 7 du décret du 31 décembre 1922.

Vitesse.

Art. 8. — Les conducteurs de véhicules quelconques, de bêtes de trait, de somme ou de selle ou d'animaux doivent toujours marcher à une allure modérée dans la traversée des agglomérations (1) et toutes les fois que le chemin n'est pas parfaitement libre ou que la visibilité n'est pas assurée dans de bonnes conditions.

———

Voir l'article 200 du décret du 20 mai 1903, et les articles 319, 475 (paragraphe 4°) et 479 (paragraphe 3°) du Code pénal.

Le décret du 31 décembre 1922 ne limite plus, hors des lieux habités, la vitesse des automobiles, dont le poids en charge ne dépasse pas 3.000 kilogrammes.

La suppression des restrictions antérieures « a été inspirée par le désir de ne pas entraver par des mesures

———

(1) D'après la jurisprudence pour qu'il y ait « agglomération », il faut qu'il y ait plusieurs maisons de l'agglomération communale et non pas seulement réunion d'une ferme et de trois ou quatre maisons, en bordure d'une route, éloignées de l'agglomération communale.

inopportunes, et qui risqueraient d'ailleurs d'être inefficaces, le développement d'un moyen de locomotion caractérisé par une vitesse supérieure à celle des anciens véhicules.

Mais l'esprit libéral dans lequel a été conçue cette réforme ne confère nullement à l'automobiliste le droit d'abuser de la faculté qui lui est accordée; sa responsabilité civile et pénale serait engagée non seulement par les accidents de personne qu'il pourrait provoquer, mais encore par les dommages qu'il causerait aux animaux accompagnés, aux choses d'autrui et à la route. » (Circulaire du Ministre des travaux publics en date du 30 mai 1921.) (Voir plus loin l'article 31 du décret du 31 décembre 1922.)

Croisement et dépassement.

Art. 9. — Les conducteurs de véhicules quelconques, de bêtes de trait, de charge ou de selle, ou d'animaux, doivent prendre leur droite pour croiser ou se laisser dépasser; ils doivent prendre à gauche pour dépasser.

Ils doivent se ranger à droite à l'approche de tout véhicule ou animal accompagné. Lorsqu'ils sont croisés ou dépassés, ils doivent laisser libre à gauche le plus large espace possible et au moins la moitié de la chaussée quand il s'agit d'un autre véhicule ou d'un troupeau, ou 2 mètres lorsqu'il s'agit d'un piéton, d'un cycle ou d'un animal isolé.

Lorsqu'ils veulent dépasser un autre véhicule, ils doivent, avant de prendre à gauche, s'assurer qu'ils peuvent le faire sans risquer une collision avec un véhicule ou animal venant en sens inverse.

Il est interdit d'effectuer un dépassement quand la visibilité en avant n'est pas suffisante.

Après un dépassement, un conducteur ne doit ramener son véhicule sur la droite qu'après s'être assuré qu'il peut le faire sans inconvénient pour le véhicule ou l'animal dépassé.

On se reportera utilement à l'article 475 (paragraphe 3°) du Code pénal reproduit à la suite de l'article 7 qui précède, et à la loi du 30 mai 1851.

Voir également l'article 42 du présent décret.

Bifurcations et croisées de chemins (1).

Art. 10. — Tout conducteur de véhicule ou d'animaux, abordant une bifurcation ou une croisée de chemins, doit annoncer son approche ou vé-

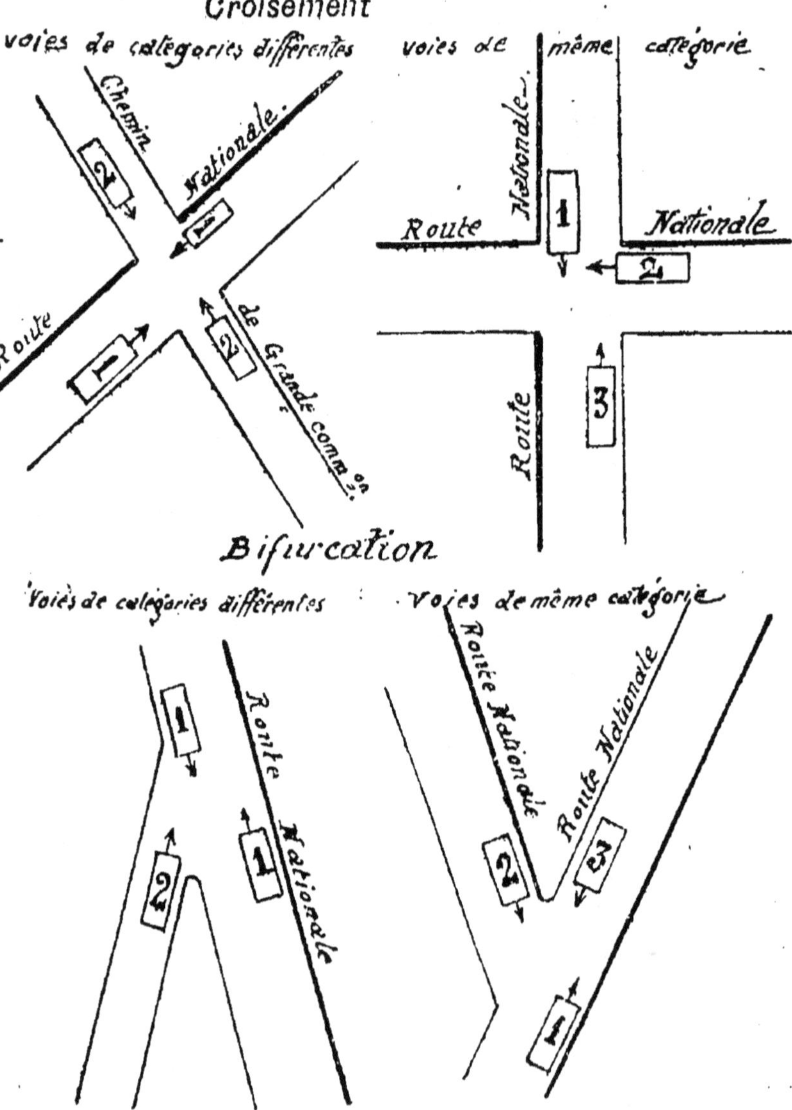

rifier que la voie est libre, marcher à allure modérée et serrer sur sa droite, surtout aux endroits où la visibilité est imparfaite.

(1) Une nouvelle réglementation à l'étude ne fait plus de distinction entre les routes de diverses catégories. Dans tous les cas, l'automobiliste céderait le passage au conducteur

En dehors des agglomérations, la priorité de passage aux bifurcations et croisées de chemins est accordée aux véhicules circulant sur les routes nationales.

En dehors des agglomérations, à la croisée des chemins de même catégorie au point de vue de la priorité, le conducteur est tenu de céder le passage au conducteur qui vient à sa droite.

Dans les agglomérations, les mêmes règles sont applicables, sauf prescriptions spéciales édictées par l'autorité compétente.

Le décret du 12 septembre 1925 a supprimé le passage du deuxième alinéa de l'article 10, qui visait le réseau routier à grand trafic.

Stationnement des véhicules.

Art. 11. — Il est interdit de laisser sans nécessité un véhicule stationner sur la voie publique.

Les conducteurs ne peuvent abandonner leur véhicule avant d'avoir pris les précautions nécessaires pour éviter tout accident.

Tout véhicule en stationnement sera placé de manière à gêner le moins possible la circulation et à ne pas entraver l'accès des propriétés.

Lorsqu'un véhicule est immobilisé par suite d'accident ou que tout ou partie d'un chargement tombe sur la voie publique sans pouvoir être immédiatement relevé, le conducteur doit prendre les mesures nécessaires pour garantir la sécurité de la circulation et, notamment, pour assurer, dès la chute du jour, l'éclairage de l'obstacle.

Les prescriptions de l'article 11 sont adaptées aux dispositions de l'article 471 (paragraphe 4°) du Code pénal ainsi conçu :

Seront punis d'une amende, depuis 1 franc jusqu'à 5 francs inclusivement :

. . . . , ...

4° Ceux qui auront embarrassé la voie publique, en y déposant ou y laissant sans nécessité des matériaux ou des choses quelconques qui empêchent ou diminuent la liberté ou la sûreté du passage; ceux qui, en contravention aux lois et règlements, auront négligé d'éclairer les matériaux par eux entreposés ou les excavations par eux faites dans les rues et places.

Le décret du 31 décembre 1922 s'appliquant à toutes les voies ouvertes à la circulation publique, les procès-verbaux dressés pour embarras de la voie publique, ou stationnement sans nécessité, lorsqu'il s'agira de routes et chemins appartenant à la petite voirie, seront établis en vertu dudit décret et de l'article 471 (paragraphe 4) du Code pénal.

Pour les contraventions relevées sur les voies appartenant à la grande voirie, les textes à viser seront la loi du 30 mai 1851 sur la police du roulage (article 2) et le décret précité du 31 décembre 1922.

Il y a matière à contravention lors même que le stationnement non nécessaire ne compromet ni la sécurité ni la liberté de la circulation (arrêt de la Cour de cassation du 11 septembre 1851). Cependant, un autre arrêt de la Cour de cassation en date du 22 décembre 1903 reconnaît le droit aux riverains de la voie publique d'utiliser cette voie pour desservir leurs propriétés ou pour assurer l'exploitation de leur industrie ou de leur commerce.

Les militaires appelés à constater un stationnement de ce genre ne devront donc jamais perdre de vue ces arrêts. Ils se souviendront aussi que leur rôle est un rôle de protection destiné à faciliter à tous l'exercice de leur profession ou de leur industrie en les mettant à l'abri des tentatives des malveillants ou des désordres et accidents causés par la non-observation des lois et règlements. En s'écartant de cette règle, les militaires de la gendarmerie risqueraient de donner un caractère vexatoire à leurs actes les plus légitimes.

L'excuse de la nécessité du stationnement est d'ailleurs admise par les tribunaux lorsque l'intéressé en fait la preuve. (Arrêt de la Cour de cassation du 20 septembre 1855.)

Exemple : Cas d'accident à un animal de trait, bris d'une roue, panne, etc., etc., bref, tout accident immobilisant le véhicule.

En cas de stationnement sans nécessité, la contravention est à la charge du conducteur ou, en son absence et faute de le découvrir, à la charge du propriétaire.

Circulation sur les pistes spéciales.

Art. 12. — Lorsqu'une partie de la route a été aménagée spécialement en trottoir ou piste, en vue de circulations déterminées (piétons, cavaliers, cyclistes, etc.), il est interdit d'y circuler ou d'y stationner avec d'autres modes de locomotion, sauf les dérogations prévues à l'article 54 ci-dessous.

L'interdiction de circuler ou de stationner sur les pistes spéciales avec d'autres modes de locomotion tend, évidemment, à assurer la conservation de ces pistes, d'entretien souvent fort onéreux. Ce serait donc, semble-t-il, aller nettement à l'encontre de l'esprit de l'article 12 du décret du 31 décembre 1922, que d'en faire l'application, notamment aux piétons ou cyclistes traversant une piste spéciale qui ne leur est pas réservée, car il est de toute évidence qu'ils ne peuvent ainsi la détériorer.

Convois.

Art. 13. — Des véhicules groupés en vue d'un trajet à faire de conserve forment un convoi.

Par dérogation à l'article 7 ci-dessus, un convoi de véhicules à traction animale peut ne comporter qu'un conducteur par trois véhicules se suivant sans intervalles, sous les réserves suivantes :

a) L'attelage du premier véhicule comportera au plus deux animaux, dont l'un pourra, d'ailleurs, être attelé en flèche; les deuxième et troisième véhicules ne seront attelés chacun que d'un animal;

b) Les animaux attelés au deuxième et au troisième véhicule seront attachés à l'arrière du véhicule qui les précède;

c) Le conducteur, s'il n'est pas à pied, ne pourra prendre place que sur le premier véhicule et devra constamment avoir les guides en mains.

Si le convoi ne comprend que deux véhicules, chacun de ceux-ci pourra comporter plus d'un animal attelé. Dans ce cas, l'on pourra se contenter d'un seul conducteur, et l'attelage de la première voiture pourra comprendre un animal en flèche, à condition que les réserves b) et c) ci-dessus soient respectées et que le nombre total des animaux ne dépasse pas six.

Un convoi doit être fractionné en tronçons mesurant chacun 25 mètres de longueur au plus, attelages compris, pour les convois de véhicules à traction animale; en tronçons mesurant 50 mètres de longueur au plus, remorques comprises, pour les convois de véhicules automobiles.

L'intervalle entre deux tronçons consécutifs doit être d'au moins 25 mètres dans le premier cas et de 50 mètres dans le second.

Les dispositions du présent article ne sont pas applicables aux convois militaires.

Ces prescriptions sont très importantes au point de vue de la sécurité des usagers de la route, surtout en présence du développement de la circulation automobile.

L'expression « attelé en flèche » appelle une explication, d'ailleurs fournie par la réponse du Ministre des travaux publics à la question écrite n° 13180 posée, le 24 mars 1922 par M. Léon Archimbaud, député.

Voici cette question et sa réponse, qui s'appliquait au décret du 27 mai 1921, remplacé par le décret du 31 décembre 1922, lequel emploie également ce mot flèche.

N° 13180. *Question écrite.* — M. Léon Archimbaud, député, demande à M. le Ministre des travaux publics quelle est la signification exacte et précise des mots « en flèche » insérés au deuxième alinéa de l'article 13 du Code de la route (Décret du 27 mai 1921, *Journal officiel* du 31 mai 1921), ajoutant que les brigades de gendarmerie interprétant de diverses façons ces mots, les voituriers sont l'objet de procès-verbaux, suivant qu'ils se trouvent passer devant diverses brigades admettant ou non le genre d'attelage prescrit par les règlements; qu'il y a donc intérêt, pour fixer la jurisprudence, à donner de ces mots une définition précise.

Réponse. — Il n'est pas douteux que, par les mots « attelé en flèche » insérés au deuxième alinéa de l'article 13 du décret du 27 mai 1921, les rédacteurs de ce texte ont entendu désigner un attelage de plusieurs animaux disposés de manière à marcher l'un derrière l'autre, conformément d'ailleurs à la signification couramment admise de cette expression.

Le cas échéant, il appartiendrait aux intéressés de relever devant les tribunaux les erreurs d'interprétation que pourraient commettre à cet égard les agents verbalisateurs. (*Journal officiel* du 29 mars 1922.)

Ainsi, le mot « flèche » ne doit pas éveiller l'idée d'attelage côte à côte à la flèche d'une voiture, mais celle, couramment admise, de cheval attelé en avant des autres.

C'est ainsi qu'en langage militaire on appelle « position en flèche » la position occupée par une troupe en avant du front général.

Il semble bien qu'il n'y aurait eu d'ailleurs aucune difficulté d'interprétation si, au lieu de voir uniquement les mots, on avait envisagé le but visé par l'article 13. Ce but est évidemment de réduire la longueur des convois pour en faciliter la conduite et pour éviter qu'un animal effrayé ne vienne subitement se mettre en travers de la route et causer ainsi un accident.

Cela est évidemment impossible à la bête de trait attelée dans des brancards ou à la flèche d'une voiture, mais est assez fréquent de la part des chevaux attelés en flèche.

Transports exceptionnels.

Art. 14. — Lorsqu'il y a lieu de transporter des objets indivisibles de dimensions et de poids considérables, exigeant un attelage supérieur à celui qui est déterminé par l'article 18 du présent règlement ou dépassant les limites de charge fixées par l'article 2, ou ayant une largeur de chargement supérieure à celle qui est fixée par l'article 6, ou enfin susceptibles de compromettre le passage des autres véhicules sur une route ou un chemin, les conditions de leur transport sont fixées par les préfets des départements parcourus, après avis des ingénieurs des ponts et chaussées ou des agents voyers.

Les arrêtés pris en vertu des dispositions qui précèdent mentionneront l'itinéraire à suivre et les mesures à prendre pour assurer la facilité et la sécurité de la circulation publique, et pour empêcher tout dommage aux routes et aux chemins, aux ouvrages d'art et aux plantations.

Barrières de dégel.

Art. 15. — Les préfets, pour les routes nationales et départementales, les chemins de grande communication et d'intérêt commun, et les routes forestières, les maires, pour les autres voies, peuvent ordonner l'établissement de barrières de dégel.

Peuvent seuls circuler pendant la fermeture de ces barrières :

1° Les courriers postaux;

2° Les véhicules destinés au transport des personnes et étrangers à un service public de transports en commun;

3° Les véhicules à traction animale non chargés et les voitures à bras;

4° Les véhicules ne rentrant pas dans les catégories précédentes, sous réserve que le nombre des animaux d'attelage pour les véhicules à traction animale, et la pression exercée sur le sol, par centimètre de largeur de bandage pour les véhicules de toutes catégories, ne dépassent pas les limites qui seront fixées par le préfet, à raison du climat, du mode de construction et de l'état des chaussées, de la nature du sol et des autres circonstances locales.

Tout véhicule pris en contravention aux dispositions du présent article sera arrêté et mis en fourrière, le tout sans préjudice de l'amende encourue et des frais de réparation des dommages causés à la voie publique.

Les dispositions de l'article 15 ont pour but d'assurer la conservation des routes qui, détrempées par le dégel, sont alors facilement détériorées par des véhicules chargés dont les roues creusent des ornières.

Le tribunal appelé à juger les infractions prévues à l'article 15, appliquera, s'il n'y a pas eu de dégâts, la pénalité prévue par l'article 4 de la loi du 30 mai 1851 sur la police du roulage (amende de 5 à 30 francs). Si le véhicule ayant franchi les barrières de dégel, a détérioré la route, l'infraction tombera sous le coup de l'article 9 de la loi précitée (amende de 30 à 50 francs); de plus, le jugement condamnera aux frais de la réparation. (Deuxième alinéa dudit article 9 et dernier alinéa de l'article 15 du décret du 31 décembre 1922.)

Les constatations devront donc préciser si des dégradations ont été commises et la nature de ces dégradations. Un procès-verbal de ce genre sera absolument complet, si les verbalisateurs peuvent y faire figurer la déclaration d'un idoine, ce qui sera rarement possible; mais il sera toujours à leur portée d'indiquer les dimensions des ornières creusées et l'étendue des dégâts. Enfin, il sera toujours utile, s'il y a un poids public, de constater le poids du véhicule. Dans la négative, dire que faute de poids public cette vérification n'a pu être faite.

Passage des ponts.

Art. 16. — Sur les ponts qui n'offriraient pas toutes les garanties nécessaires à la sécurité du passage, le préfet ou le maire, suivant la nature des voies, peuvent prendre toutes dispositions qui seront jugées nécessaires pour assurer cette sécurité.

Le maximum de la charge autorisée et les mesures prescrites pour la protection et le passage de ces ponts sont, dans tous les cas, placardés à leur entrée et à leur sortie, de manière à être parfaitement visibles des conducteurs.

Dans les circonstances urgentes, les maires peuvent prendre les mesures provisoires que leur paraît commander la sécurité publique, sauf à en rendre compte à l'autorité supérieure.

Les ponts suspendus visés par le paragraphe 6° de l'article 2 de la loi du 30 mai 1851 ne sont pas les seuls ponts n'offrant pas toutes les garanties de sécurité, c'est pourquoi l'article 16 du décret du 31 décembre 1922 emploie des termes plus généraux que la loi sur la police du roulage. Ce faisant, il s'appuie d'ailleurs sur une autre loi : celle du 5 avril 1884 sur la police municipale, dont l'article 97 indique que :

La police municipale a pour objet d'assurer le bon ordre, la sûreté et la salubrité publiques. Elle comprend notamment :

1° Tout ce qui intéresse la sûreté et la commodité du passage dans les rues, quais, places et voies publiques.....

L'article 99 de ladite loi donne au préfet qualité pour pourvoir à ces mêmes besoins par des arrêtés particuliers ou visant plusieurs communes, lorsque les autorités municipales n'ont pas pris les dispositions nécessaires.

Les militaires de la gendarmerie qui se reporteront à ces articles 97 et 99 de la loi du 5 avril 1884 penseront peut-être qu'ils ne visent pas les ponts. Le mot, en effet, n'y figure pas, mais il est un principe de droit qui veut que l'accessoire suive le principal; or, le pont est évidemment l'accessoire de la route et se trouve ainsi visé par les textes précités.

Les procès-verbaux constatant les infractions à l'article 6 devront, de toute évidence, mentionner le poids du véhicule et de combien ce poids dépassait la limite permise.

La constatation sera facilitée, pour les automobiles, par l'examen des plaques visées à l'article 27 ci-après.

Nous avons réservé, à la gauche de cet ouvrage, quelques pages blanches destinées à recevoir la copie des arrêtés pris dans la circonscription pour l'application des diverses dispositions du décret du 31 décembre 1922,

La contravention est imputable au conducteur.

CHAPITRE II.

DISPOSITIONS SPÉCIALES AUX VÉHICULES
A TRACTION ANIMALE.

Freins.

Art. 17. — Si la topographie l'exige, le préfet peut imposer sur certaines voies l'obligation de munir tout véhicule d'un frein ou d'un dispositif d'enrayage.

Les freins sont obligatoires pour les véhicules de transport en commun (article 35); pour les automobiles, (article 23).

La contravention est à la charge du propriétaire du véhicule.

Il sera utile de copier, sur les pages blanches réservées à la gauche de l'ouvrage, les arrêtés pris pour l'application de l'article 17.

Nombre d'animaux d'un attelage.

Art. 18. — Sauf dans les cas prévus à l'article 14 ci-dessus, il ne peut être attelé :

1° Aux véhicules servant au transport des marchandises plus de cinq chevaux ou bêtes de trait, s'il s'agit de véhicules à deux roues; plus de six bœufs ou de huit chevaux ou autres bêtes de trait s'il s'agit de véhicules à quatre roues, sans qu'il puisse y avoir plus de cinq animaux en enfilade.

2° Aux véhicules servant au transport des personnes, plus de trois chevaux, s'il s'agit de véhicules à deux roues; plus de six, s'il s'agit de véhicules à quatre roues.

Quand le nombre de bêtes de trait est supérieur à six, il doit être adjoint un aide au conducteur.

Ces dispositions s'expliquent surtout par la nécessité d'éviter que des animaux de trait ne puissent s'affoler et causer un accident en barrant subitement la route à un autre véhicule; elles sont à rapprocher des prescriptions des paragraphes *a*), *b*) et *c*) de l'article 13 interdisant, dans un convoi, l'attelage d'un animal en flèche aux véhicules autres que le premier.

On pourrait prétendre aussi que ces dispositions tendent à assurer la conservation de la chaussée, car elles limitent pratiquement le poids des véhicules et de leurs chargements, mais toutes garanties sont prises à ce sujet par l'article 2 du décret du 31 décembre 1922.

Renforts.

Art. 19. — La limitation du nombre des animaux d'attelage, fixée par l'article précédent, n'est pas applicable sur les sections de routes offrant des rampes d'une déclivité ou d'une longueur exceptionnelles.

Ces sections de routes sont déterminées par arrêtés préfectoraux et leurs limites sont indiquées sur place par des poteaux portant l'inscription « Renfort ».

L'emploi d'animaux de renfort peut aussi être autorisé temporairement par le préfet sur les sections de routes où les travaux de réparations ou d'autres circonstances rendent cette mesure nécessaire. Dans ce cas, les poteaux provisoires sont posés pour indiquer les limites de ces sections.

Les procès-verbaux dressés pour infractions aux prescriptions des articles 18 et 19 devront naturellement préciser que les attelages dont les animaux étaient en nombre supérieur à la fixation réglementaire, ont été rencontrés en dehors d'une partie de route limitée par des poteaux permanents ou provisoires portant le mot « Renfort ». En outre, l'article 20 ci-après impose, pendant la période d'hiver, de préciser également qu'il n'y avait ni neige, ni verglas, non seulement sur la partie de route sur laquelle a été rencontré l'attelage, mais au moins sur la majeure partie, sinon sur la totalité de l'itinéraire qu'il avait à parcourir.

Sans cette dernière précaution, le contrevenant pourrait se prétendre victime d'une tracasserie et produire peut-être des témoignages favorables à sa cause.

Dans les localités où il existe une station de météorologie, il sera donc bon de renforcer le procès-verbal par le relevé des indications du bulletin de la station pouvant donner la preuve absolue et scientifique, que rien n'excuse l'infraction (température, direction du vent, nature du temps, clair ou brumeux, pluie, neige, etc.).

Ces précisions ne sont pas indispensables, puisque les procès-verbaux de la gendarmerie font foi jusqu'à preuve contraire (décret organique, art. 299), mais elles rentrent, par analogie, dans les mesures de précaution visée par l'article 294 du décret organique.

Neige ou verglas.

Art. 20. — En temps de neige ou de verglas, les prescriptions relatives à la limitation du nombre des animaux de trait sont suspendues.

CHAPITRE III.

DISPOSITIONS SPÉCIALES AUX VÉHICULES AUTOMOBILES

Organes moteurs.

Art. 21. — Les organes d'un véhicule automobile doivent être disposés de façon à éviter tout danger d'incendie ou d'explosion; leur fonctionnement ne doit constituer aucune cause de danger ou d'incommodité.

Les moteurs doivent être munis d'un dispositif d'échappement silencieux : L'échappement libre est interdit.

L'appareil d'où procède la source d'énergie est soumis aux dispositions des règlements sur les appareils de même genre en vigueur ou à intervenir.

*Circulaire relative à l'expression à employer
pour désigner la puissance des moteurs.*

(*B. O.* du ministère de la guerre 1924, page 3786.)

Paris, le 26 décembre 1923.

Le Ministre du commerce et de l'industrie a été consulté sur l'opportunité de remplacer par le symbole C. V., le symbole H. P. qui est employé pour désigner l'unité française cheval-vapeur (75 kilogrammètres), alors qu'en réalité, il ne devrait représenter que l'unité anglaise « Horse power », légèrement supérieure.

Il a fait connaître, par lettre en date du 25 octobre 1923, qu'il y avait lieu de proscrire le symbole H. P. et qu'il ne voyait pas d'inconvénient, en attendant que le kilowatt soit passé dans les usages comme unité de puissance, à employer, à titre transitoire, le cheval-vapeur (C. V.), qui vaut 0 kw. 735.

En conséquence, le symbole H. P. ne sera plus uti-

---

(1) Modification apportée par le décret du 12 septembre 1925.

lisé, dorénavant, pour les moteurs appartenant au Département de la guerre. Il sera remplacé jusqu'à nouvel ordre par le symbole « C. V. ».

Cette substitution a déjà été prescrite pour l'aéronautique, en ce qui concerne les moteurs d'aviation, par la circulaire 962-2-A/12 du 16 février 1923.

L'échappement libre est, depuis le décret du 12 septembre 1923, interdit dans tous les cas.

Il peut être également dressé contravention pour fumées émises par l'automobile (Cassation, arrêt du 3 février 1906). Il y aurait excuse valable en cas de départ urgent pour aller chercher ou porter un secours, soigner un malade, etc., cause qui aurait empêché la mise au point du graissage défectueux produisant la fumée (jugement du tribunal de simple police de Paris en date du 19 septembre 1912).

Les contraventions pour échappement libre sont à la charge du conducteur si, ce qui est le cas normal, son véhicule est muni d'un silencieux. Dans le cas contraire, la contravention est à la charge du propriétaire.

Organes de manœuvre et de direction.

Art. 22. — Le véhicule doit être disposé de manière que la vue du conducteur soit bien dégagée vers l'avant.

Le conducteur doit pouvoir actionner, de son siège, les organes de manœuvre et consulter les appareils indicateurs sans cesser de surveiller la route.

Les organes de commande de la direction offriront toutes les garanties de solidité désirables.

Les véhicules automobiles dont le poids à vide excède 350 kilogrammes seront munis de dispositifs de marche arrière.

Tout véhicule automobile servant au transport des marchandises et dont le poids en charge dépasse 3.000 kilogrammes doit être muni d'un appareil rétroviseur disposé de telle manière que le conducteur puisse apercevoir, de sa place, tout autre véhicule susceptible de le dépasser.

Le délai d'application des prescriptions du précédent paragraphe aux véhicules en service lors de la promulgation du présent règlement est fixé par l'article 60 ci-après.

OBLIGATION D'UN MIROIR RÉTROVISEUR POUR CAMIONS
AUTOMOBILES.

Le Ministre de l'intérieur a adressé à MM. les préfets, à la date du 9 octobre 1924, la circulaire ci-après :

Il a été constaté que les conducteurs de camions tiennent la plupart du temps le milieu de la route et ne se rangent pas sur leur droite pour se laisser dépasser à gauche parce que, empêchés par le bruit de leur moteur d'entendre les avertissements des véhicules qui viennent derrière eux, ils ne voient pas davantage arriver ces voitures par suite de l'absence de ce dispositif particulier de sécurité, et qu'il en résulte de nombreux accidents.

Je vous rappelle qu'aux termes du paragraphe 5 de l'article 22 du décret du 31 décembre 1922, « tout véhicule automobile servant au transport des marchandises, et dont le poids en charge dépasse 3.000 kilogrammes, doit être muni d'un appareil rétroviseur disposé de telle manière que le conducteur puisse apercevoir, de sa place, tout autre véhicule susceptible de le dépasser ».

D'autre part, le paragraphe suivant dispose que le délai d'application de ces prescriptions aux véhicules en service lors de la promulgation du décret du 31 décembre 1922 est fixé par l'article 60 du même règlement, et ce dernier texte spécifie que, pour les véhicules dont il s'agit, lesdits appareils seront obligatoires à la date du 1ᵉʳ juin 1924.

En conséquence, tous les véhicules servant au transport des marchandises, et dont le poids en charge dépasse 3.000 kilogrammes, doivent toujours être munis de miroirs rétroviseurs, ceux en service au 6 janvier 1923 depuis le 1ᵉʳ juin dernier, et tous les autres depuis leur mise en service.

Je vous prie de vouloir bien signaler particulièrement ces prescriptions à la vigilance de tous les services et agents chargés, sous votre autorité, de faire respecter la réglementation de la circulation, en insistant sur l'importance qui s'attache à la constatation rigoureuse, en vue de leur répression, de toutes les contraventions de l'espèce.

Un procès-verbal devra être immédiatement dressé et transmis aux autorités compétentes aux fins de poursuites judiciaires contre tout conducteur d'un véhicule de poids lourds qui ne serait pas muni du miroir rétroviseur prévu, et le propriétaire devra être mis en demeure de faire procéder à l'installation de ce dispositif dans le moindre délai et préalablement à toute nouvelle sortie de son véhicule.

A cet effet, et pour assurer l'efficacité de cette mise en demeure, l'agent verbalisateur devra exiger du conducteur la remise du récépissé de déclaration prévu par les articles

28 et 30 du décret du 31 décembre 1922 et sans lequel aucun véhicule automobile ne doit circuler; ce récépissé devra être transmis d'urgence par ses soins au service compétent de votre préfecture, où il ne devra être restitué à son propriétaire qu'au vu d'une justification établissant que le véhicule a été muni du dispositif de sécurité prescrit. Il vous appartient, au surplus, de prendre toutes dispositions utiles pour qu'à l'avenir les récépissés de déclaration ne soient délivrés aux propriétaires de véhicules de poids lourds qu'après production des mêmes justifications.

Organes de freinage.

Art. 23. — Tout véhicule automobile doit être pourvu de deux systèmes de freinage à commande et transmission indépendantes; ces freins doivent être suffisamment puissants pour arrêter et immobiliser le véhicule sur les plus fortes déclivités.

L'un au moins des systèmes de freinage doit agir directement sur les roues ou sur des couronnes immédiatement solidaires de celles-ci.

Dans le cas d'un véhicule à avant-train moteur, l'un des systèmes de freinage à la disposition du conducteur doit agir sur les roues arrière du véhicule.

Les remorques uniques sont exemptées de l'obligation des freins. Dans le cas de train routier, chaque véhicule doit être muni d'un système de freinage satisfaisant aux conditions du premier alinéa du présent article et susceptible d'être actionné, soit par le conducteur à son poste sur l'automobile, soit par un conducteur spécial.

Éclairage.

Art. 24. — Tout véhicule automobile, autre que la motocyclette, doit être muni, dès la chute du jour, à l'avant de deux lanternes à feu blanc et à l'arrière d'une lanterne à feu rouge placée à gauche.

Pour la motocyclette, l'éclairage peut être réduit soit à un feu visible de l'avant et de l'arrière, soit même, quand un appareil à surface réfléchissante rouge est établi à l'arrière, à un feu visible de l'avant seulement.

En outre, tout véhicule marchant à une vitesse supérieure à 20 kilomètres à l'heure devra porter au moins un appareil supplémentaire qui aura une puissance suffisante pour éclairer la route à 100 mètres en avant et dont le faisceau lumineux sera réglé de manière à n'être pas aveuglant pour les autres usagers de la route. L'emploi de ces appareils est interdit, à la traversée des agglomérations, dans les voies pourvues d'un éclairage public.

Le Ministre des travaux publics détermine par arrêté les spécifications auxquelles doivent répondre les dispositifs d'éclairage des automobiles pour satisfaire aux prescriptions de l'alinéa qui précède. Il approuve les types des dispositifs qui sont reconnus répondre à ces prescriptions.

Dès la chute du jour, les automobiles isolés doivent être munis d'un dispositif lumineux capable de rendre lisible le numéro inscrit sur la plaque arrière et dont l'apposition est prescrite par l'article 27 du présent règlement. Dans le cas de véhicules remorqués par un automobile, ce dispositif d'éclairage ainsi que le feu rouge d'arrière doivent être reportés à l'arrière de la dernière remorque qui doit également porter le numéro du véhicule tracteur conformément à l'article 32 ci-après.

Le délai d'application des prescriptions du présent article aux véhicules en service lors de la promulgation du présent règlement, est fixé par l'article 60 ci-après (2).

———————

Les militaires de la gendarmerie n'auront pas, sauf en ce qui concerne l'appareil rétroviseur, à intervenir

———————

(1) La plupart des automobiles sont munis de deux phares à l'avant, ce qui, aux termes de l'arrêté du 28 juillet 1923, les dispense de l'appareil supplémentaire (voir cet arrêté, page 51 ci-après).

(2) Ce délai allait jusqu'au 1ᵉʳ juin 1924.

pour assurer l'observation des dispositions des articles
22 et 23, car les véhicules ne seront reçus par le ser-
vice des mines que s'ils répondent aux conditions
imposées par ces articles. D'autre part, les prescrip-
tions du décret abrogé du 10 mars 1899 étaient plus
strictes en ce qui concerne les freins. Il en résulte donc
que, malgré l'apparition des dispositions nouvelles, les
procès-verbaux à dresser par application des articles
22 et 23, ne seront pas du ressort de la gendarmerie,
ainsi que le prévoit d'ailleurs l'article 26 ci-après.

Il n'en sera pas de même des dispositions de l'arti-
cle 24.

ÉCLAIRAGE DES AUTOMOBILES.

1° Le troisième alinéa de cet article 24 peut amener
les militaires de la gendarmerie à se demander si ses
dispositions s'appliquent en tout temps aux véhicules
capables de faire plus de 20 kilomètres à l'heure ou
*seulement aux périodes pendant lesquelles un véhi-
cule circule à une vitesse supérieure à 20 kilomètres
à l'heure.*

Il faut ici, comme en toutes choses, voir le but qui
est d'*éviter les accidents*. On a calculé qu'au delà d'une
vitesse de 20 kilomètres, le véhicule ne pouvait stop-
per sans danger qu'après avoir parcouru 100 mètres
en freinant.

En s'éclairant à cette distance, l'automobiliste verra
donc l'obstacle assez à temps pour éviter l'accident.

On en conclut que tout automobile construit pour
assurer une vitesse supérieure à 20 kilomètres, *n'est
pas tenu à allumer son appareil supplémentaire lors-
qu'il circule à cette allure seulement ou à une vitesse
inférieure.*

Cette conclusion est d'accord, d'ailleurs, avec le
principe de droit qui veut qu'en matière pénale on
s'en tienne à la lettre de la loi. Or, ici, le texte dé-
termine en somme la limite qui, franchie, fait du con-
ducteur un contrevenant.

Si une autre interprétation pouvait être admise, le
décret du 31 décembre 1922 aurait interdit les phares
électriques, dont l'éclairage peut être interrompu à
volonté par le conducteur, et il aurait exigé un feu fixe
pour les véhicules susceptibles d'atteindre une vitesse
de plus de 20 kilomètres à l'heure. Or, il n'en est rien,
et nous estimons que la jurisprudence confirmera cer-
tainement notre opinion basée sur la logique autant
que sur le droit.

2° On peut se demander aussi si *l'appareil supplémentaire doit être allumé en même temps que les deux feux blancs de l'avant* et que le feu rouge arrière.

Le mot *supplémentaire* indique déjà par lui-même que le feu de cet appareil vient en plus des autres feux, mais il ne restera plus aucun doute si l'on cherche quel est le but des deux feux blancs avant et du feu rouge arrière. C'est, évidemment, de délimiter exactement la position et le gabarit du véhicule, d'éviter ainsi tout accrochage et de graves accidents dans les dépassements ou croisements de nuit. *On conçoit donc que l'appareil supplémentaire qui, au surplus, peut être éteint lorsque l'automobile marche à moins de 20 kilomètres, ne dispense aucunement de l'emploi des autres feux.*

L'application des dispositions prévues par le troisième alinéa de l'article 24 fait l'objet de la circulaire du 10 avril 1925 et de l'arrêté ci-après du Ministre des travaux publics :

Aux termes de l'article 24 du Code de la route (décret du 31 décembre 1922), les véhicules automobiles marchant à une vitesse supérieure à 20 kilomètres à l'heure doivent être pourvus d'un appareil d'éclairage supplémentaire « ayant une puissance suffisante pour éclairer la route à 100 mètres en avant et dont le faisceau lumineux sera réglé de manière à ne pas être aveuglant pour les autres usagers de la route ». L'arrêté ministériel du 28 juillet 1923, publié au *Journal officiel* du 31 juillet, dont le texte est inséré ci-après, en annexe, a déterminé les spécifications auxquelles doivent répondre les dispositifs d'éclairage des automobiles pour satisfaire à ces prescriptions.

Quand la route est libre, le conducteur peut utiliser toute la puissance de ses projecteurs, quelle que soit leur intensité lumineuse. L'article 2 de l'arrêté s'est, en effet, borné à prescrire un minimum d'éclairement obligatoire correspondant en fait au rendement des plus petits projecteurs qui soient dans le commerce, mais il n'interdit pas un éclairement supérieur, très désirable, au contraire, pour les véhicules à marche rapide.

A la rencontre d'un autre usager de la route, le dispositif d'éclairage doit permettre de supprimer instantanément les effets d'éblouissement.

S'il s'agit d'un appareil utilisant le pouvoir éclairant d'une flamme, comme les projecteurs à acétylène, ce dispositif doit rendre possible sans transition soit une diminution d'intensité des flammes, soit leur occultation par rapport au système optique; un simple robinet à deux débits placé sur la canalisation ou un écran manœuvré par une commande à portée du conducteur permettent de réaliser cette condition (art. 3).

S'il s'agit d'un appareil électrique ou d'un projecteur uti-
lisant le pouvoir calorifique d'une flamme (oxy-acétylénique
par exemple), le système d'éclairage doit être disposé de
manière à projeter le faisceau lumineux sur le sol à 25 mè-
tres environ en avant du véhicule, quelle que soit la répar-
tition de sa charge; ce résultat peut être obtenu par l'utili-
sation soit de plusieurs appareils, soit d'un projecteur uni-
que mixte; il existe dans le commerce un grand nombre
d'appareils répondant aux conditions réglementaires (art. 4).

Je n'insiste pas sur les dispositions des articles 5, 6 et 7
de l'arrêté ministériel qui se justifient par elles-mêmes.

L'ensemble de cette réglementation ne peut soulever, en
l'état actuel de fabrication des projecteurs d'automobiles,
aucune difficulté d'ordre technique. Il suffira de tenir la
main à son application pour accroître d'une façon considé-
rable la sécurité de la circulation de nuit sur les routes. Les
nouveaux dispositifs ainsi prescrits sont d'ailleurs exigibles
depuis le 1ᵉʳ juin 1924 et, par conséquent, un délai très suf-
fisant a été accordé aux automobilistes pour se mettre en
règle.

Je vous prie donc de donner aux agents chargés de la
police de la circulation dans votre département toutes ins-
tructions utiles pour qu'ils exigent avec fermeté, à partir
du 1ᵉʳ juin 1925, que les véhicules automobiles marchant à
plus de 20 kilomètres à l'heure soient pourvus des disposi-
tifs réglementaires d'éclairage et les utilisent la nuit à la
rencontre des usagers de la route qu'ils ne doivent en aucun
cas éblouir.

*Arrêté ministériel du 28 juillet 1923 du Ministre
des travaux publics.*

Art. 1ᵉʳ. Les appareils d'éclairage qui seront appli-
qués aux véhicules automobiles à partir du 1ᵉʳ juin 1924
devront, en ce qui concerne les dispositifs prévus aux
paragraphes 3 et 4 de l'article 24 du décret du 31 dé-
cembre 1922 (Code de la route), satisfaire aux condi-
tions prescrites par le présent arrêté.

Art. 2. Le projecteur ou l'ensemble des projecteurs
employés doit avoir une puissance suffisante pour éclai-
rer la route à 100 mètres. En aucun cas, abstraction
faite des circonstances où l'éclairage devra être réduit
au moyen des dispositis indiqués aux articles 3 et 4
ci-après, l'intensité lumineuse apparente du ou desdits
projecteurs ne doit être inférieure à celle qui produi-
rait, sur un écran vertical placé à 100 mètres de dis-
tance, un éclairement de 5 centièmes de lux.

Art. 3. Dans le cas d'appareils utilisant le pouvoir
éclairant d'une ou de plusieurs flammes, un dispositif
doit permettre de réduire instantanément l'éclairage,

soit en diminuant l'intensité des flammes, soit en les occultant par rapport au système optique, soit de toute autre manière équivalente.

Art. 4. Dans le cas d'appareils électriques ou assimilés, le système d'éclairage doit être disposé de manière à permettre de supprimer l'éblouissement pour les usagers de la route, tout en projetant sur le sol, à 25 mètres environ en avant du véhicule, un faisceau lumineux dont les rayons ne dépassent pas en hauteur, pour toute répartition de la charge du véhicule placé sur route horizontale, le plan parallèle à la route et distant de $1^m,40$ de celle-ci. Toutefois, sont tolérées au-dessus de ce plan les émissions lumineuses provenant de sources dont l'éclat intrinsèque ne dépasse pas une bougie et demie par centimètre carré.

Les conditions spécifiées au présent article peuvent être réalisées soit au moyen d'un projecteur unique convenablement disposé à cet effet, soit au moyen de plusieurs appareils employés simultanément ou non, pourvu que le passage d'un éclairage à l'autre ait lieu sans aucune interruption.

Sont assimilés aux appareils électriques ceux dans lesquels l'incandescence est due au pouvoir calorifique d'une flamme peu éclairante par elle-même.

Art. 5. Les appareils produisant l'éclairage réduit peuvent être utilisés pour remplir l'office des feux blancs d'avant visés aux paragraphes 1 et 2 de l'article 24 du décret du 31 décembre 1922, pourvu qu'ils remplissent à ce point de vue toutes les conditions réglementaires et sauf les interdictions qui pourraient être édictées par l'autorité locale en ce qui concerne des voies où l'éclairage public assure un éclairement moyen au sol d'au moins deux dixièmes de lux.

Art. 6. Lorsque l'éclairage réduit est produit par un seul projecteur, celui-ci doit être disposé de manière à éclairer en particulier le côté droit de la route.

Si l'éclairage plein est produit par un seul projecteur, celui-ci est placé à gauche ou dans l'axe du véhicule.

Art. 7. La vitesse du véhicule doit être ralentie dans toutes les circonstances où le conducteur passe de l'éclairage plein à l'éclairage réduit.

Tout véhicule dont les dispositifs spéciaux d'éclairage ne répondraient pas ou cesseraient de répondre aux conditions fixées par le présent arrêté devra, pour circuler de nuit, sous le couvert des feux de position qui font l'objet des dispositions des paragraphes 1 et 2 de l'article 24 du décret du 31 décembre 1922, réduire sa vitesse à 20 kilomètres à l'heure au maximum, ainsi que l'exigent les prescriptions du décret précité.

ÉCLAIRAGE DES MOTOCYCLETTES.

L'article 24 du décret du 31 décembre 1922 (Code de la route) est susceptible de plusieurs interprétations, en ce qui concerne l'éclairage des motocyclettes.

Le Ministre de la guerre fait connaître que les dispositions ci-après sont applicables aux véhicules intéressés, et, par conséquent, aux motocyclettes militaires.

Doivent être munies :

1° *Motocyclettes seules*, d'une lanterne à feu blanc fixée à l'avant, d'une lanterne arrière éclairant le numéro inscrit sur la plaque, d'une surface réfléchissante rouge fixée à l'arrière (inutile si la lanterne arrière présente une face rouge visible de l'arrière), d'un appareil supplémentaire pouvant éclairer la route 100 mètres à l'avant (à utiliser en dehors des agglomérations seulement).

2° *Motos avec side-car attelées à droite :* sans changement.

3° *Motos avec side-car attelées à gauche*, comme ci-dessus en ce qui concerne la motocyclette, le side-car doit porter une surface réfléchissante rouge fixée à l'arrière.

(Circulaire du 17 août 1922) (1).

Par jugement en date du 26 août 1911, le tribunal de simple police de Messey a jugé que le véhicule automobile resté en panne et remorqué devait être éclairé.

Au sujet de la possibilité de se voir dresser contravention dans chaque canton traversé, lorsque les feux ne sont pas allumés, de se voir également dresser contravention si l'automobile est garé sans feu allumé, voir les commentaires de l'article 4.

Si le motocycliste conduit sa machine à la main, il n'est pas tenu de l'éclairer. (Cassation, 4 avril 1914.)

---

(1) Cette circulaire visait le décret du 27 mai 1921, mais le décret du 31 décembre 1922 qui le remplace n'a apporté aucune modification aux points qu'elle concerne.

Signaux sonores.

Art. 25. — En rase campagne, l'approche de tout véhicule automobile doit être signalée, en cas de besoin, au moyen d'un appareil sonore susceptible d'être entendu à 100 mètres au moins et différent des types de signaux réservés à d'autres usages par des règlements spéciaux.

Toutefois, dans les agglomérations, le son émis par l'avertisseur devra rester d'intensité assez modérée pour ne pas incommoder les habitants ou les passants, ni effrayer les animaux. L'usage des trompes à sons multiples, des sirènes et des sifflets y est interdit.

CROISEMENTS, TOURNANTS.

Le fait de ne pas aviser de son approche dans un croisement ou tournant constitue une contravention si la disposition des lieux est telle que, faute de prendre cette précaution, un accident est possible. En pareil cas, le procès-verbal doit mentionner très exactement les risques d'accident courus, s'accompagner des déclarations des personnes qui ont couru le risque d'accident et donner la description de l'état des lieux avec croquis autant que possible.

Instructions émanant de la Direction de la police municipale, au sujet de l'emploi des trompes :

M. le Ministre des travaux publics a défini le mot trompe de l'article 25 du Code de la route, dans une note indiquant que, dans les agglomérations, il peut être fait usage de trompes électriques aussi bien que de trompes à main.

Les gardiens ne doivent pas s'en rapporter seulement à la forme de l'appareil.

Seuls sont interdits les appareils à notes multiples, parce qu'ils peuvent créer des confusions, et les appareils à sons stridents, tels que le klaxon, parce qu'ils peuvent provoquer des mouvements d'effroi, et, par suite, un danger. La trompe électrique à son uniforme, non strident, peut donc être régulièrement employée.

Notons que l'automobiliste n'est tenu de prévenir de son approche qu'*en cas de besoin*. La loi laisse au conducteur la responsabilité d'apprécier si ce cas se présente ou non et aussi la responsabilité des accidents dûs à un défaut d'avertissement. (Conseil d'Etat, 8 janvier 1914.)

L'automobiliste qui ne ralentit pas après un premier coup de trompe sans résultat engage sa responsabilité en cas d'accident. (Jurisprudence de la cour de Nîmes.)

Les contraventions sont naturellement à la charge du conducteur.

Réception.

Art. 26. — La constatation que les véhicules automobiles satisfont aux diverses prescriptions des articles 21, 22 et 23 ci-dessus est faite par le service des mines, soit par type de véhicule sur la demande du constructeur, soit par véhicule isolé sur la demande du propriétaire.

Pour les véhicules construits en France, le constructeur doit demander la vérification de tous les types d'automobiles qu'il a établis ou qu'il établira. En ce qui concerne les véhicules de provenance étrangère, la vérification par type n'est admise que si le constructeur étranger possède en France un représentant spécialement accrédité auprès du Ministre des travaux publics. Dans ce cas, elle a lieu sur la demande dudit représentant.

Lorsque le fonctionnaire du service des mines a constaté que le véhicule présenté satisfait aux prescriptions réglementaires, il dresse de ses opérations un procès-verbal dont une expédition est remise au demandeur.

Le constructeur a la faculté de livrer au public un nombre quelconque de véhicules conformes à chacun des types qui ont été reconnus satisfaire au règlement. Il donne à chacun d'eux un numéro d'ordre dans la série à laquelle le véhicule appartient et il remet à l'acheteur une copie du procès-verbal ainsi qu'un certificat attestant que le véhicule livré est entièrement conforme au type. Le certificat spécifie le maximum de vitesse que le véhicule est capable d'atteindre en palier. Pour les voitures de provenance étrangère, ce certificat doit être signé, pour le constructeur, par le représentant mentionné au deuxième alinéa du présent article.

En cas de refus par les ingénieurs des mines de dresser procès-verbal constatant que le véhicule présenté satisfait aux prescriptions réglementaires, les intéressés peuvent faire appel au Ministre des travaux publics qui statue après avis de la commission centrale des automobiles.

Plaques.

Art. 27. — Indépendamment de la plaque prescrite par l'article 5 ci-dessus et portant les nom, prénoms, professions et domicile du propriétaire, tout véhicule automobile doit porter d'une manière apparente, sur une ou plusieurs plaques métalliques, le nom du constructeur, l'indication du type et le numéro d'ordre dans la série du type et, en outre, s'il s'agit d'un véhicule destiné à transporter des marchandises, le poids du véhicule à vide, et le poids du chargement maximum. Les véhicules remorqués doivent porter, également sur une plaque métallique, l'indication de leur poids à vide et du poids de leur chargement maximum.

Tout véhicule automobile doit, en outre, être pourvu de deux plaques d'identité portant un numéro d'ordre; ces plaques doivent être fixées en évidence d'une manière inamovible à l'avant et à l'arrière du véhicule. Le Ministre des travaux publics en arrête le modèle et le mode de pose, il détermine également l'attribution des numéros d'ordre aux intéressés.

Voir l'annexe V ci-après relative au numérotage des plaques.

Par véhicule destiné au transport des marchandises, il faut entendre un véhicule dont la construction répond à cette destination (camion, camionnette) et non la voiture de tourisme ou de service public, transportant accidentellement des marchandises ou des caisses ou colis admis comme bagages.

Ne doit également pas être considérée comme véhicule servant au transport des marchandises, la voiture du voyageur de commerce aménagée pour le transport des échantillons.

Plusieurs juges de paix n'ont pas condamné des voyageurs de commerce objet de procès-verbaux, pour défaut de plaque indiquant le poids à vide et le poids du chargement maximum, attendu, disent les jugements, que *les échantillons ne sauraient être considérés comme des marchandises*.

L'ancienne réglementation n'exigeait la plaque d'identité que pour les véhicules susceptibles d'atteindre en palier une vitesse supérieur à 30 kilomètres à l'heure. La nouvelle réglementation, en imposant cette obligation *à tous les véhicules automobiles*, supprime les difficultés que faisait naître une telle distinction. (Voir à l'annexe 6 les modèles de plaques.)

Les plaques visées à l'article 27, autres que la plaque d'identité, sont, sauf celle portant les nom, prénoms et domicile du propriétaire, apposées par le constructeur avant la réception du véhicule par le service des mines. Les chefs de brigade et gendarmes auront donc à porter surtout leur attention sur les plaques d'identité de la voiture et du propriétaire. Ils se souviendront que les véhicules agricoles sont, s'ils servent uniquement à l'intérieur de l'exploitation, exemptés de cette dernière par l'article 5.

Nous ne voulons pas dire, par le commentaire ci-dessus, que l'attention de la gendarmerie ne devra jamais se porter sur les autres plaques; loin de là, car leur absence, les inexactitudes qui y seraient relevées, décéleraient bien souvent un vol, puisqu'elles sont en quelque sorte l'acte de naissance apposé sur le véhicule avant sa réception par le service des mines.

Si les numéros du moteur et du châssis ont été, en outre, effacés, matés ou maquillés de quelque façon, la méfiance devra être plus grande encore et la lecture du signalement des voitures volées amènera, selon toute vraisemblance, à un résultat heureux. Il faudra se souvenir, dans ce cas, que le maquillage le plus fréquent des véhicules volés consiste en une modification de la peinture et des accessoires de luxe ou caractéristiques. On retrouvera facilement des traces de la peinture ancienne sous la nouvelle couche, et des mutilations et coups d'outils pourront révéler le changement des accessoires.

La preuve absolue ne sera évidemment acquise que par l'interrogatoire du propriétaire, qui peut d'ailleurs avoir acquis la voiture honnêtement. Dans ce cas, surtout si l'on y met toute la délicatesse et le tact qui conviennent, le propriétaire actuel indiquera son vendeur et, ainsi, on remontera de proche en proche jusqu'au voleur, seul intéressé au maquillage des plaques apposées par le constructeur.

Nous paraissons, ici, nous être singulièrement écarté du commentaire du décret du 31 décembre 1922, mais ce n'est là qu'une apparence. Si le service de la gendarmerie est des plus complexes, il est *un*, en effet, par son but de *protection*.

Protection du citoyen contre le criminel.

Protection de la propriété contre les malveillants de tous genres.

Protection de la société par le maintien de l'ordre.

Protection du citoyen contre lui-même par l'application des règles de police.

Protection de la discipline, force essentielle des armées, par l'application des règles de la police militaire.

Les plaques d'identité doivent être lisibles. — La jurisprudence s'est établie de punir comme contravention le fait d'utiliser une automobile dont le numéro est rendu invisible par la boue ou la poussière.

Numéros à la craie. — Ces numéros n'étant pas inamovibles ne sont pas conformes aux prescriptions de l'article 27 et il peut être dressé procès-verbal. Un arrêt de cassation du 14 avril 1916 décide que les numéros doivent être visibles constamment. La plaque elle-même doit être fixée de façon inamovible et non par une ligature de fortune.

Les plaques W (automobile à vendre) ou WW (automobile exportée) peuvent, au contraire, être amovibles.

Autorisation de circuler.

Art. 28. — Tout propriétaire d'un véhicule automobile doit, avant de le mettre en circulation sur les voies publiques, adresser au préfet du département de sa résidence une déclaration faisant connaître ses nom et domicile et accompagnée d'une copie du procès-verbal dressé en exécution de l'article 26 ci-dessus.

Un récépissé de sa déclaration est remis au propriétaire; ce récépissé indique le numéro d'ordre assigné au véhicule.

La déclaration du propriétaire est communiquée sans délai au service des mines.

La déclaration faite dans un département est valable pour toute la France.

Les prescriptions du présent article ne sont pas applicables aux véhicules automobiles des formations de l'armée et de la marine, immatriculés dans des séries spéciales. Pour ces véhicules, le livret matricule du modèle réglementaire tient lieu de récépissé de déclaration.

CARTE GRISE.

Le récépissé de déclaration visé au deuxième alinéa de l'article 28 est communément désigné sous le nom de « carte grise »; il doit être entre les mains du conducteur, si le propriétaire ne conduit pas lui-même. (Voir à l'annexe 3 le modèle de carte grise.)

Les étrangers munis du certificat international de route n'ont pas à être pourvus de la carte grise.

Les contraventions pour défaut de carte grise sont à la charge du propriétaire du véhicule. (Cassation du 2 décembre 1906.)

PERMIS DE CIRCULATION OU LAISSEZ-PASSER.

Indépendamment de la carte grise, tout propriétaire de voiture automobile servant au transport des personnes ou des marchandises doit, pour chaque voiture mise en circulation, être muni d'un permis de circulation (ou laissez-passer) donnant lieu à perception de droits et délivré par l'administration des contributions indirectes. (Loi du 25 juin 1920.)

Ce permis doit, aux termes de l'article 102 de la loi

du 25 juin 1920, être présenté à toute réquisition des agents des contributions indirectes et des octrois et tous autres agents ayant qualité pour dresser des procès-verbaux en matière de roulage, qui constateront les contraventions sur la voie publique, dans les établissements ouverts au public et en tous lieux où ces agents ont accès. Les contraventions, constatées et poursuivies comme en matière de contributions indirectes, seront punies d'une amende de 50 à 200 francs en principal, indépendamment de la confiscation et du quintuple des droits fraudés ou compromis.

Nous donnons ci-après un jugement du tribunal de Saint-Etienne, mais il ne fait pas jurisprudence en la matière, et le défaut de présentation du permis fait l'objet de procès-verbaux donnant lieu à poursuites; mais, lorsque les droits ont été payés, l'administration et le jugement se bornent à imposer l'amende de 50 à 200 francs, sans exiger la confiscation ni le quintuple droit.

La vérification du paiement régulier des droits n'est pas de la compétence de la gendarmerie; aucune inscription n'étant portée sur le permis, cette vérification serait au surplus impossible.

Le permis de circulation ou laissez-passer est aussi employé comme permis gratuit, concurremment avec le modèle figurant à l'annexe III, page 153, on indique alors en travers « voiture à vendre ».

(Voir modèle, recto et verso à l'annexe III, pages 151 et 153.)

Jugement du tribunal de Saint-Etienne relatif
au permis de circulation.

Attendu qu'il résulte des débats que G..., qui conduisait un camion automobile pour le compte de la Société, n'a pu représenter à la gendarmerie le permis de circulation prévu par l'article 99 de la loi du 25 juin 1920, mais qu'il résulte des justifications fournies que la Société était bien, au 13 juillet 1923, en possession de ce permis et que les droits afférents au trimestre en cours avaient été préalablement payés, ainsi d'ailleurs que le reconnaît l'administration;

Attendu que, dans son article 102, ladite loi fait bien aux conducteurs d'automobiles une obligation de représenter la carte de circulation à toute réquisition des agents compétents, mais que cette obligation n'a pour but que de faciliter la constatation par lesdits agents des contraventions aux articles 109 et suivants, qui prévoient le paiement des droits; *que cette obligation n'est pas elle-même sanctionnée par aucune peine;* que le paragraphe 2 de l'article 102 sanctionne seulement la contravention au paiement des droits; que cela résulte non seulement de la rédaction ainsi analysée dudit article, mais aussi de l'importance et de la nature des peines prononcées qui comprennent la confiscation et le quintuple des droits fraudés, ce qui suppose nécessairement une fraude dans l'acquit des droits;

Attendu que G..., ayant justifié du paiement des droits, doit être relaxé des fins de la prévention,

Par ces motifs :

Le tribunal, jugeant en matière correctionnelle, en premier ressort, publiquement, contradictoirement, après en avoir délibéré,

Relaxe G... des fins de la prévention sans peine ni dépens.

Condamne l'administration des contributions indirectes aux dépens.

Permis de conduire.

Art. 29. — Nul ne peut conduire un véhicule automobile s'il n'est porteur d'un certificat de capacité délivré par le préfet du département de sa résidence, sur l'avis favorable d'un expert accrédité par le Ministre des travaux publics. Ce permis ne pourra être délivré à l'avenir qu'à des candidats âgés d'au moins 18 ans. Il ne pourra être utilisé pour la conduite soit des voitures affectées à des transports en commun, soit des véhicules dont le poids en charge (1) dépasse 3.000 kilogrammes, que s'il porte une mention spéciale à cet effet.

Les conducteurs de motocyclettes à deux roues devront être porteurs d'un permis spécial que le préfet pourra, sur l'avis favorable d'un expert accrédité, délivrer aux candidats âgés de 16 ans au moins.

---

(1) L'expression *poids en charge* est définie par la circulaire du Ministre des travaux publics. (Voir cette circulaire à la suite des commentaires du présent article.)

Le Ministre des travaux publics fixe, par arrêté, les conditions dans lesquelles devront être établis et délivrés les permis de conduire. Tout permis de conduire pourra être retiré, par arrêté préfectoral, le titulaire ou son représentant entendu, après une contravention aux dispositions du présent décret; il devra être obligatoirement retiré dans le cas de contravention aggravée par l'ivresse du conducteur comme au cas d'incapacité permanente dûment constatée, survenue postérieurement à sa délivrance.

Sont dispensés des prescriptions énoncées dans les paragraphes précédents, les conducteurs de véhicules à propulsion mécanique dont l'objet principal est la culture des terres.

Pour les conducteurs d'automobiles militaires, le permis de conduire est de couleur verte. Sa réglementation figure au *Mémorial de la gendarmerie* de 1921, page 1222.

Le permis de conduire visé par l'article 29 est habituellement appelé « carte *rose* »; il est muni de la photographie du titulaire. (Voir les modèles à l'annexe 3.)

En attendant la délivrance de la carte rose, il peut être fait usage d'un permis provisoire valable pour un mois au plus. (Voir circulaire B n° 39 du 18 avril 1924, ci-après.)

Il existe deux modèles : le modèle A (*rose*), pour les automobiles et le modèle B (*rose pâle*) pour les motocyclettes sans side-car.

Les cartes modèle A et B sont visées par l'arrêté du 16 mars 1923 inséré à l'annexe 2 ci-après.

Les Sarrois peuvent, dans un rayon de 50 kilomètres de la frontière, circuler avec la carte sarroise.

Les étrangers peuvent ne pas avoir de carte rose, mais ils doivent alors être munis du certificat international de route. (Voir annexe 3.)

Le permis de conduire modèle A, pour les automobiles, ne permet pas de conduire une motocyclette sans être pourvu du permis de conduire modèle B. Les tribunaux de simple police condamnent les détenteurs du permis modèle A qui l'utilisent pour conduire une motocyclette.

Pièces a produire pour obtenir le permis de conduire
les véhicules automobiles.

1º Demande sur papier timbré à 2 fr. 40 adressée au préfet (cette demande énoncera notamment les noms, prénoms, domicile, lieu et date de naissance du candidat). (Age exigé pour la conduite des motocycles : 16 ans; pour la conduite des voitures à pétrole : 18 ans.) Le candidat doit affirmer sur sa demande qu'il ne se trouve pas privé du droit de conduire, par suite du retrait d'un permis antérieur à celui qu'il sollicite.

2º Certificat de domicile délivré par les commissaires de police ou les maires.

3º Pièce justificative d'identité donnant l'état civil du pétitionnaire (actes de naissance ou de mariage, etc.) sur timbre.

(Les candidats nés à l'étranger doivent présenter leur carnet d'identité ou un récépissé de demande dudit carnet, s'ils sont étrangers. Dans le cas contraire, ils sont tenus de justifier de leur nationalité française.)

4º Trois exemplaires de la photographie du visage, de face ou de trois-quarts, du candidat; ces exemplaires seront à l'état d'épreuves, non collées et du format de quatre centimètres de largeur sur cinq centimètres de hauteur; le nom du candidat devra figurer au verso des trois photographies.

5º Une quittance à souche délivrée par un percepteur du département où doit être passé l'examen et constatant le versement des droits prévus par la loi du 5 janvier 1924.

6º Un timbre-poste de 0 fr. 30 pour affranchissement de la lettre de convocation du candidat.

7º Une somme de 2 fr. 40 pour le prix du timbre du permis définitif, qui sera perçue lors du dépôt de la demande, ou qui devra être jointe sous forme de mandat, à toute demande envoyée par la poste.

Nota. — Pour accélérer l'instruction de leur demande, les candidats ont intérêt à déposer ou à faire déposer directement leur dossier à la préfecture, à Paris, à la préfecture de police (4ᵉ division, 1ᵉʳ bureau), plutôt que d'utiliser la voie postale.

Tout candidat qui, sans excuse jugée valable par le service technique compétent, ne se présente pas au jour et à l'heure fixés pour l'examen, perd le montant du droit d'examen qu'il a consigné.

Aucune restitution même partielle, du droit perçu, n'est faite aux candidats ajournés.

Modèle de demande au préfet.

Monsieur le Préfet,

Je, soussigné (nom, prénoms, profession, adresse exacte); né à....., le (date), ai l'honneur de solliciter la délivrance du permis de conduire une voiture automobile (*ou* une voiture automobile et des voitures dont le poids en charge dépasse 3.000 kilogrammes, *ou* une voiture automobile affectée à des transports en commun, *ou* une motocyclette avec side-car, *ou* une motocyclette sans side-car). Je ne suis pas privé du droit de conduire par suite du retrait d'un permis antérieur.

Ci-joint, à l'appui de ma demande :

1° Ma carte électorale (*ou* mon livret militaire, *ou* toute autre pièce d'identité donnant l'état civil);

2° Mon certificat de domicile (pièce délivrée par le maire ou par le commissaire de police);

3° Ma photographie en trois exemplaires (de trois-quarts ou de face, format carte d'identité, de 4 centimètres sur 5 centimètres), non collée;

4° La quittance du droit d'examen délivrée par le percepteur (si l'on bénéficie de droits réduits, joindre le certificat légalisé par le maire, constatant que le demandeur est apprenti ou ouvrier, domestique ou employé recevant moins de 800 francs de salaire mensuel).

Veuillez agréer, Monsieur le Préfet....., etc...

(*Signature.*)

A la suite de cette demande le pétitionnaire est convoqué pour l'examen, comprenant outre les épreuves de capacité, une interrogation sur le présent Code de la route.

La délivrance de la carte rose est faite sans nouvel examen aux titulaires d'un brevet d'automobiliste militaire, sur leur demande et moyennant versement préalable des droits d'examen. (Décret du 26 mars 1921.)

Les conducteurs de bicyclettes à moteur auxiliaire pesant moins de 30 kilogrammes, ne pouvant dépasser en palier une vitesse maxima de 30 kilomètres à l'heure et dont la machine est susceptible d'être actionnée par les pieds au moyen de pédales, n'ont pas à être porteurs ni titulaires du permis de conduire. (Décret du 12 septembre 1925.) Voir article 48 ci-après.

LOI MODIFIANT LES DROITS PERÇUS EN VUE DE LA DÉLIVRANCE DES PERMIS DE CONDUIRE LES AUTOMOBILES.

(*Journal officiel* du 6 janvier 1924.)

Art. 1er. L'article 13 de la loi de finances du 31 décembre 1907 est abrogé.

La délivrance du permis de conduire institué par l'article 29 du décret du 31 décembre 1922 donne lieu à la perception :

1° D'un droit d'examen de 15 francs;

2° D'un droit de brevet de 50 francs; ce droit est réduit à 20 francs pour les candidats qui joignent à leur demande un certificat établissant que, dans les six mois précédents, abstraction faite du temps passé sous les drapeaux, ils ont été occupés comme apprentis, ouvriers, employés ou domestiques et ont reçu, en cette qualité, un salaire maximum de 800 francs par mois.

Le versement de ces droits est effectué préalablement à l'examen. L'examen supplémentaire motivé par une demande d'extension de validité d'un permis de conduire formulée postérieurement à la délivrance de ce permis donne lieu à la perception d'un nouveau droit de 15 francs, le droit de brevet restant acquitté une fois pour toutes.

Tout candidat qui, sans excuse jugée valable, ne se présente pas au jour et à l'heure fixés pour l'examen, perd le montant du droit d'examen qu'il a consigné. Aucune restitution, même partielle, du droit d'examen n'est faite à un candidat ajourné.

Art. 2. ....

La présente loi, délibérée et adoptée par le Sénat et par la Chambre des députés sera exécutée comme loi de l'Etat.

Fait à Paris, le 5 janvier 1924.

Circulaire du ministère des travaux publics, des ports et de la marine marchande relative à l'examen des candidats au permis de conduire et la création d'un certificat provisoire de capacité.

Paris, le 30 avril 1924.

Le Ministre des travaux publics, des ports et de la marine marchande à M. le Ministre de guerre et des pensions.

Par un arrêté du 4 avril 1924, rendu en exécution de la loi du 5 janvier 1924 et par application de l'article 29 du décret du 31 décembre 1922 (Code de la route), j'ai décidé de confier désormais à l' « Union nationale des associations de tourisme » (service des examens, 7, rue César-Franck, Paris, 15°), le soin d'examiner les candidats au permis de conduire les automobiles.

Cette organisation nouvelle s'étendra peu à peu sur l'ensemble du territoire, sauf dix-neuf départements, où le service des mines pourra, sans inconvénients, conserver ses attributions actuelles.

Je vous communique ci-après les instructions que j'ai adressées, à ce sujet, aux préfets et qui sont suivies du texte de mon arrêté précité du 4 avril 1924.

Je crois devoir appeler votre attention sur le paragraphe 3 de l'article 2 dudit arrêté, qui institue un *certificat provisoire de capacité;* cette pièce sera remise au candidat par l'examinateur qui l'a jugé apte à conduire et tiendra lieu de « carte rose », au regard des autorités de police jusqu'au jour où le titre définitif sera remis à l'intéressé par le préfet.

La durée de validité du certificat provisoire ne pourra, en aucun cas, excéder un mois à partir de la date de sa délivrance, qui y sera indiquée et sera complétée par la mention : « Valable jusqu'au..... » Ce délai pourra d'ailleurs être réduit dans la mesure où les bureaux de la préfecture seront à même de régulariser la situation des nouveaux titulaires du permis de conduire.

Il est entendu que la délivrance de certificats provisoires de capacité aura lieu aussi bien dans les dix-neuf départements, où le service des mines continue à faire subir les examens, que sur le reste du territoire, où les experts accrédités de l'U. N. A. T. sont désormais chargés de ces fonctions.

Extrait de l'instruction du ministère des travaux publics, des ports et de la marine marchande relative aux examens du permis de conduire adressée à MM. les préfets.

Paris, le 18 avril 1924.

Le Ministre des travaux publics, des ports et de la marine marchande à M. le Préfet d...

I. — Etablissement d'un fichier central.

(Extrait.)

J'ai l'honneur de porter à votre connaissance les dispositions que je viens de prendre en vue de la réorganisation du service des examens du permis de conduire.

Les instructions ci-jointes ne concernent votre département, où les examens restent confiés, jusqu'à nouvel ordre, au service des mines, qu'en ce qui touche la collaboration de vos services à l'établissement et à la tenue à jour d'un fichier central par les soins de l' « Union nationale des Associations de tourisme », 7, rue César-Franck, à Paris (15e).

Je vous prie de prendre toutes mesures utiles pour que, dorénavant, l'Union soit immédiatement informée par vos soins de toute délivrance ou de tout retrait du permis de conduire dans votre département.

. . . .

L'U. N. A. T. aura soin, de son côté, de porter régulièrement à votre connaissance et à celle du service des mines les décisions prononçant les retraits provisoires ou définitifs du permis de conduire qui pourront être prises sur le reste du territoir^, de manière à éviter que des conducteurs indignes tentent d'obtenir frauduleusement la délivrance d'un nouveau permis.

Je vous autorise, d'autre part, à organiser, d'accord avec l'ingénieur en chef des mines, la délivrance aux candidats d'un permis provisoire dans les conditions prévues par la nouvelle réglementation pour le reste du territoire.

. . . .

Le Ministre des travaux publics,
des ports et de la marine marchande,

Yves Le Trocquer.

II. — Instructions (Circulaire, série B, n° 39).

Paris, le 18 avril 1924.

Le Ministre des travaux publics, des ports et de la marine marchande à M. le Préfet du département d...

(Extraits.)

J'ai l'honneur de porter à votre connaissance qu'en exécution de la loi du 5 janvier 1924 et par application de l'article 29 du décret du 31 décembre 1922, j'ai décidé de confier désormais dans votre département le soin d'examiner les candidats au permis de conduire à des experts accrédités auprès de moi par l' « Union nationale des Associations de tourisme », 7, rue César-Franck, Paris (15e), aux lieu et place des agents du service des mines qui en étaient chargés jusqu'ici, au détriment de leurs fonctions normales.

Vous trouverez ci-après ampliation de l'arrêté du 4 avril 1924, par lequel j'ai fixé les conditions générales de fonctionnement du nouveau régime.

L'inspecteur chargé de convoquer et d'examiner les candidats dans votre département, se présentera préalablement à vous, porteur d'une carte spéciale d'identité et d'une lettre de service de l'U. N. A. T. indiquant la circonscription territoriale dans laquelle il doit exercer ses fonctions.

. . . .

Cet inspecteur pourra, dans certains cas, être momentanément, remplacé par un inspecteur suppléant désigné par l' « Union nationale des Associations de tourisme », qui aura soin de vous en informer en temps utile.

L'arrêté ministériel du 16 mars 1923 fixant les conditions de délivrance des permis de conduire conserve toute sa valeur. Vous remarquerez cependant que l'arrêté du 4 avril 1924 autorise l'expert à délivrer au candidat qu'il juge apte à conduire, un « permis provisoire » destiné à tenir lieu de carte rose au regard des autorités de police, en attendant la délivrance par vos soins du titre définitif. Ce permis provisoire aura une durée de validité maximum d'un mois et portera, à cet effet, avec la date de sa délivrance, la mention : « Valable jusqu'au.....' 19..... ». Si vous estimez que vos bureaux sont normalement en mesure d'établir les cartes roses dans un moindre délai, il est éminemment désirable de réduire encore la durée de validité du permis provisoire et je vous autorise à prendre en ce sens toutes décisions utiles.

J'appelle, d'autre part, votre attention sur les dispositions de l'article 4 de l'arrêté ci-joint. L'U. N. A. T. recevra directement de ses inspecteurs tous renseignements utiles sur les candidats admis au fur et à mesure de la passation des examens. Vous aurez, en ce qui vous concerne, à informer le service des examens pour l'obtention du permis de conduire, 7, rue César-Franck, à Paris (15e), d'une part des cas très exceptionnels où vous pourrez être amené à ne pas délivrer le permis à certains candidats, bien qu'ils aient satisfait aux épreuves, d'autre part, des cas de retrait temporaire ou définitif du permis de conduire que vous prononcerez. Ces renseignements sont, en effet, indispensables à l'U. N. A. T., pour l'établissement et la tenue à jour du fichier central.

. . . .

Le nouveau régime pourra fonctionner dans votre département dès que l'inspecteur accrédité se sera présenté à vous.

. . . .

Le service des mines sera chargé du contrôle permanent des examens aux conditions fixées par l'article 3 de l'arrêté.

. . . .

Le Ministre des travaux publics,
des ports et de la marine marchande,

Yves Le Trocquer.

Arrêté du Ministre des travaux publics, des ports et de la marine marchande relatif à la délivrance du permis de conduire pour voiture automobile.

Paris, le 4 avril 1924.

Le Ministre des travaux publics, des ports et de la marine marchande,

Vu la loi du 5 janvier 1924, modifiant les droits exigibles pour la délivrance des permis de conduire et portant inscription au budget du ministère des travaux publics d'un crédit spécial au titre des « frais d'examen de capacité pour la conduite des automobiles »;

Vu l'article 29 du décret du 31 décembre 1922, disposant, notamment, que « nul ne peut conduire un véhicule automobile s'il n'est porteur d'un permis délivré par le préfet du département de sa résidence sur l'avis favorable d'un expert accrédité par le Ministre des travaux publics »;

Vu l'arrêté ministériel du 16 mars 1923, réglementant la délivrance du permis de conduire;

Vu les propositions de l' « Union nationale des Associations de tourisme » relatives à l'organisation par ses soins d'un service spécial pour l'examen des candidats au permis de conduire;

Sur la proposition du directeur du personnel de la comptabilité, chargé du service de la voirie routière,

Arrête :

Article 1er. Par application de l'article 29 du décret du 31 décembre 1922, l' « Union nationale des Associations de tourisme » est autorisée à fournir aux préfets des avis d'experts sur la capacité des candidats au permis de conduire, qui subiront, désormais, les épreuves réglementaires devant les inspecteurs accrédités de ce groupement.

Les ingénieurs des mines resteront toutefois, jusqu'à nouvel ordre, exclusivement chargés de l'examen des candidats dans les départements ci-après :

2° arrondissement minéralogique de Paris : Eure, Eure-et-Loir, Yonne.

Arrondissement minéralogique d'Alais : Ardèche, Lozère.

Arrondissement minéralogique de Bordeaux : Corrèze, Creuse, Indre.

Arrondissement minéralogique de Lyon : Ain, Savoie, Haute-Savoie.

Arrondissement minéralogique de Marseille : Hautes-Alpes, Drôme.

Arrondissement minéralogique de Nancy : Haute-Marne, Haute-Saône.

Arrondissement minéralogique de Toulouse : Ariège, Aveyron, Gers, Lot.

Art. 2. Chaque inspecteur de l'U. N. A. T. sera préalablement agréé par l'autorité supérieure et muni d'une carte d'identité spéciale mentionnant sa qualité. Il effectuera, avant d'entrer en fonctions, le dépôt de sa signature à la préfecture de chacun des départements qui lui seront assignés.

Il fera, dans le moindre délai, subir les épreuves réglementaires aux candidats dont le préfet lui aura directement transmis à cette fin le dossier; immédiatement après l'examen, il en fera connaître le résultat au préfet en lui renvoyant les pièces communiquées, à l'exception d'un exemplaire de la photographie du candidat destiné aux archives centrales de l'U. N. A. T.

Un certificat provisoire de capacité à conduire les véhicules de la catégorie sur laquelle aura porté l'examen du candidat pourra lui être délivré dans le cas où l'inspecteur émettrait un avis favorable à la délivrance du permis de conduire, cette pièce devant tenir lieu de carte rose au regard des autorités de police en attendant que le titre définitif ait pu être remis à l'intéressé par le préfet.

Art. 3. Les examens sont placés sous le contrôle permanent des ingénieurs en chef des mines, chacun en ce qui concerne sa circonscription. L'ingénieur en chef, ou son délégué, peuvent assister aux épreuves. Les observations qu'ils peuvent avoir à formuler sont consignées dans un rapport directement adressé par leurs soins à l'administration centrale des travaux publics, sans qu'ils aient à intervenir en quoi que ce soit dans la marche du service des examens.

Le contrôle général du service des examens de l'U. N. A. T. et de la comptabilité spéciale de ce service est effectué par l'ingénieur en chef du 1er arrondissement minéralogique de Paris qui, le cas échéant, consigne ses observations dans un rapport spécial adressé à l'administration centrale des travaux publics.

Art. 4. Les permis de conduire délivrés dans les départements où le service des mines reste chargé des épreuves de capacité des candidats seront immédiatement portés par les préfets à la connaissance de l'U. N. A. T., rue César-Franck, Paris (15e), pour lui permettre d'organiser et de tenir à jour le fichier central.

Les décisions de retrait des permis de conduire lui seront également notifiées par les préfets aux mêmes fins.

Art. 5. Les dispositions du présent arrêté auront effet, à dater du 1er avril 1924, jusqu'au 1er janvier 1930, sauf dénonciation de l'accord, de part ou d'autre, après préavis d'un an.

Paris, le 4 avril 1924.

Le Ministre des travaux publics,
des ports et de la marine marchande,
Yves Le Trocquer.

Circulaire (direction de l'artillerie; bureau du matériel) relative au permis de conduire pour véhicules automobiles.

N° 32609 M. 11/23.   Paris, le 2 mai 1924.

L'article 5 de l'arrêté du 17 octobre 1923 sur le permis de conduire les véhicules automobiles militaires (*Bulletin officiel*, page 3361), prévoit que le certificat de capacité délivré aux conducteurs par l'autorité militaire peut être transformé en permis de conduire civil modèle A ou modèle B, suivant le cas.

Le permis de conduire civil est établi par le préfet du département de la résidence de l'intéressé sur le vu du certificat de capacité : ce certificat peut devenir indispensable à son titulaire au cas d'un nouvel appel sous les drapeaux. En conséquence, les anciens militaires qui auront recours à cette mesure devront demander à la préfecture la restitution de leur certificat de capacité.

J'ai l'honneur de vous prier de vouloir bien porter à la connaissance des formations automobiles de toutes armes relevant de votre commandement les dispositions de la présente dépêche.

DÉFINITION DE L'EXPRESSION : POIDS EN CHARGE.

Ministère des travaux publics; Voirie routière;
Police de la circulation.

Paris, le 3 décembre 1924.

M. le Ministre de l'intérieur me signale que vous avez été saisi d'une demande d'interprétation des mots « poids en charge » qui figurent dans le Code de la route. Certains agents verbalisateurs et juges de simple police estimeraient, en effet, que cette expression signifie « charge utile transportée par le véhicule », déduction faite du poids de la voiture à vide alors que, pour d'autres, elle signifie « poids total du véhicule et de la charge transportée ».

L'esprit et la lettre des articles 29, 31 et 32 du Code de la route, qu'il y a lieu de rapprocher également des prescriptions de l'arrêté ministériel du 25 janvier 1923 fixant les vitesses maxima des automobiles de poids lourds, ne laissent place qu'à la deuxième interprétation ci-dessus. Ces textes visent formellement le poids *total* du véhicule *en charge*, expressions qui ne peuvent signifier autre chose que la totalisation du poids à vide et de la charge utile. Comme, d'autre part, l'article 27 du Code de la route impose à tous les véhicules automobiles affectés au transport des marchandises l'obligation de porter, sur une plaque métallique spéciale, l'indication de leur poids à vide et de leur chargement maximum, il semble qu'il ne puisse y avoir, en fait, dans la plupart des cas, aucune difficulté pratique pour les agents verbalisateurs à constater si un véhicule déterminé doit être ou non placé sous le régime spécial des poids lourds au point de vue du permis de conduire et de la vitesse autorisée.

RÉPRESSION DES EXCÈS DE VITESSE.

Le Ministre de l'intérieur a adressé à MM. les préfets, à la date du 18 septembre 1924, la circulaire ci-après :

Mon attention a été appelée sur l'attristante multiplicité des accidents d'automobiles dus à l'imprudence de certains conducteurs, et, notamment, à l'excès de vitesse dans la traversée des agglomérations.

En conséquence, je vous prie de vouloir bien prendre les dispositions nécessaires pour assurer une meilleure application des dispositions de l'article 31 du décret du 31 décembre 1922 portant règlement général sur la police de la circulation et du roulage. Aux termes de ce texte : « ... tout conducteur d'automobile doit rester constamment maître de sa vitesse; il est tenu non seulement *de réduire cette vitesse*

*à l'allure autorisée sur les voies publiques, pour l'usage
desquelles les préfets et les maires ont le pouvoir d'édicter
des prescriptions spéciales,* conformément aux dispositions
de l'article 62 du présent décret, mais de ralentir ou même
d'arrêter le mouvement toutes les fois que le véhicule, en
raison des circonstances ou de la disposition des lieux,
pourrait être une cause d'accident, de désordre ou de gène,
pour la circulation, notamment dans les agglomérations,
dans les courbes, les fortes descentes, les sections de routes
bordées d'habitations... »

Il vous appartient de veiller à la stricte exécution de ces
prescriptions essentiellement protectrices de la sécurité gé-
nérale, et de donner, pour la constatation des contraven-
tions, toutes instructions utiles à la gendarmerie ainsi qu'à
tous les agents qualifiés pour exercer la police de la circu-
lation.

En ce qui me concerne, je suis d'ailleurs disposé à faire
concourir les brigades de police mobile à la répression qui
s'impose, pour mettre fin à d'inadmissibles abus.

D'autre part, je vous rappelle que l'article 29 du décret
précité dispose qu'après contravention le permis de con-
duire peut être retiré par arrêté préfectoral, le titulaire ou
son représentant préalablement entendu. C'est là une sanc-
tion particulièrement efficace dont il conviendra d'user sans
faiblesse pour la répression des infractions graves déno-
tant chez les auteurs une inexcusable imprudence, ainsi que
pour les cas de récidive.

Procès-verbaux. — Pour assurer l'application des dis-
positions du troisième alinéa de l'article 29, les pro-
cès-verbaux constatant les excès de vitesse, les contra-
ventions aggravées par l'ivresse du conducteur, ou
même simplement l'ivresse du conducteur, les acci-
dents causés par leur incapacité, doivent être établis
en triple expédition dont la troisième est destinée au
préfet.

Les contraventions pour défaut de permis de con-
duire sont toujours à la charge du conducteur, quand
bien même il aurait près de lui une personne munie
du permis prête à rectifier ses erreurs. (Arrêt de cassa-
tion du 2 décembre 1905.)

Circulation des automobiles.

Art. 30. — Le conducteur d'un automobile est
tenu de présenter à toute réquisition de l'autorité
compétente :

1. Son certificat de capacité (1);

---

(1) Permis de conduire visé à l'article 29, on emploie ici, à
tort à notre avis, l'ancienne désignation du permis.

2. Le récépissé de déclaration du véhicule.

Il ne doit jamais quitter le véhicule sans avoir pris les précautions utiles pour prévenir tout accident, toute mise en route intempestive, et pour supprimer tout bruit gênant du moteur.

En cas de dérangement en cours de route, les réparations et la mise au point bruyantes doivent, sauf impossibilité absolue, être opérées à 100 mètres au moins de toute habitation.

Les contraventions pour infractions aux trois premiers alinéas de l'article 30 sont visées dans les commentaires des articles 28 et 29. Celles pour infraction à l'avant-dernier alinéa sont à relever à la charge du conducteur.

Les contraventions aux dispositions du dernier alinéa sont à la charge de celui qui fait la mise au point.

Comme c'est au juge seul qu'il appartient d'apprécier s'il y avait ou non impossibilité absolue de faire ailleurs la mise au point, le procès-verbal devra donner à ce sujet toutes les précisions propres à éclairer le magistrat. (Exemple : Constatons que la route très en pente permettait de conduire facilement le véhicule à plus de 100 mètres de l'agglomération.)

Vitesse.

Art. 31. — Sans préjudice des responsabilités qu'il peut encourir en raison des dommages causés aux personnes, aux animaux, aux choses ou à la route, tout conducteur d'automobile doit rester constamment maître de sa vitesse; il est tenu non seulement de réduire cette vitesse à l'allure autorisée sur les voies publiques, pour l'usage desquelles les préfets et les maires ont le pouvoir d'édicter des prescriptions spéciales, conformément aux dispositions de l'article 62 du présent décret, mais de ralentir ou même d'arrêter le mouvement toutes les fois que le véhicule, en raison des circonstances ou de la disposition des lieux, pourrait être une cause d'accident, de désordre ou de gêne pour la circulation, notamment dans les agglomérations, dans les courbes, les fortes descentes, les sections de routes bordées d'habitations, les passages étroits et encombrés, les carrefours, lors d'un croisement ou d'un dépassement, ou encore, lorsque, sur la voie publique, les bêtes de trait, de charge ou de selle ou les bestiaux montés ou conduits par des personnes manifestent à son approche des signes de frayeur.

La vitesse des automobiles doit également être réduite dès la chute du jour et en cas de brouillard.

En outre, les véhicules automobiles, dont le poids total en charge (1) est supérieur à 3.000 kilogrammes, seront astreints, suivant qu'il s'agira du transport des personnes ou des marchandises, et, selon la nature des bandages et le poids total du véhicule, à ne pas dépasser les vitesses maxima qui seront fixées par un arrêté spécial pris par les Ministres des travaux publics et de l'intérieur, après avis de la commission centrale des automobiles, du conseil général des ponts et chaussées et du comité consultatif de la vicinalité.

Les responsabilités pour dommages sont civiles ou pénales. Ces dernières imposent toujours à la gendarmerie de verbaliser :

Pour dommages aux personnes, en vertu des articles 319 et 320 du Code pénal;

Pour dommages aux animaux, en vertu de l'article 479, paragraphe 2°, du Code pénal et de l'arrêt de cassation du 23 octobre 1903, qui a décidé que ces dispositions s'appliquaient également aux automobilistes;

Pour dommages aux choses, en vertu de l'article 257 du même Code. Dans ce cas, il y a délit; mais, pour que le délit existe, il faut l'*intention coupable* de détruire les choses d'utilité publique;

Pour dommages à la route, en vertu de l'article 479 du Code pénal, paragraphe 11, et de l'article 9 de la loi du 30 mai 1851. Dans ce dernier cas, s'il s'agit d'un étranger, il y a lieu à conduite devant le maire qui arbitre provisoirement le montant de l'amende et des frais de réparation et, à défaut du versement, retient la voiture. (Loi du 30 mai 1851, article 20.)

---

(1) Voir à la suite de l'article 19 la définition de l'expression « Poids en charge ».

INTERPRÉTATION DE L'EXPRESSION : RESTER CONSTAMMENT MAÎTRE DE SA VITESSE.

M. Paul Reynaud (Basses-Alpes), député, demande à M. le Ministre des travaux publics quel est, dans le Code de la route, le sens qui doit être attribué à l'expression « le conducteur doit toujours être maître de sa vitesse ». (*Question du* 18 *octobre* 1921.)

Réponse au *Journal officiel* du 26 octobre 1921, page 3689, sous le n° 10424 :

La prescription « tout conducteur d'automobile doit rester constamment maître de sa vitesse », que contient l'article 31 du décret du 27 mai 1921, est immédiatement suivie, dans ce même texte, d'injonctions plus précises qui développent le sens de l'expression « maître de sa vitesse », savoir : « Il ralentira ou même arrêtera le mouvement toutes les fois que le véhicule, en raison des circonstances ou de la disposition des lieux, pourrait être une cause d'accident, de désordre ou de gêne pour la circulation, notamment dans les agglomérations, dans les courbes, les fortes descentes, les sections de routes bordées d'habitations, les passages étroits encombrés, les carrefours, lors d'un croisement ou d'un dépassement ou encore lorsque, sur la voie publique les bêtes de trait, de charge ou de selle ou les bestiaux montés ou conduits par des personnes, manifestent à son approche des signes de frayeur. »

Tableau des vitesses maxima permises aux véhicules automobiles dont le poids total, en charge, est supérieur à 3.000 kilogrammes.

(Arrêté du 25 janvier 1923, inséré ci-après à l'annexe 2.)

CATÉGORIES.	POIDS TOTAL en CHARGE.		VITESSE MAXIMUM A L'HEURE.					OBSERVATIONS.
			Bandages rigides seulement tolérés jusqu'au 1er juin 1926. Tous transports.	BANDAGES élastiques.		BANDAGES pneumatiques		
				Transport des personnes	Transport des marchandises.	Transport de personnes.	Transport des marchandises.	
	de	à						
	kgr.	kgr.	km.	km.	km.	km.	km.	
1re	3.001	4.000	12	35	25	40	35	
2e	4.501	8.000	8	25	20	35	30	
3e	8.001	11.000	5	15	15	25	20	
4e	au dessus de 11.000		5	8	8	15	10	

Ainsi, seuls les véhicules dont le poids total en charge (1) dépasse 3.000 kilogrammes voient limiter leur vitesse, et il n'y a plus aucune limite imposée aux véhicules de tourisme ou de poids inférieur, sous réserve des précautions visées au premier alinéa de l'article 31. Ces dispositions ont pour but de concilier les intérêts du développement de la locomotion automobile et de la conservation des chaussées.

Il résulte de ces règles qu'au cas où les militaires de la gendarmerie auraient à verbaliser à la suite d'un accident causé par un automobile de poids inférieur en charge à 3.000 kilogrammes, ils devraient spécifier si les précautions visées au premier alinéa de l'article 31 ont bien été prises par le conducteur auteur de l'accident.

Pour constater les excès de vitesse, le moyen communément employé consiste à observer le véhicule entre deux bornes hectométriques, par exemple et, muni d'une montre à secondes, de compter combien de secondes l'automobile a mis à couvrir la distance comprise entre les deux bornes.

Le tableau ci-après donne :

1º Les distances parcourues en une seconde par les véhicules marchant aux vitesses maxima visées par le tableau donné ci-dessus à titre de simple indication;

2º Le nombre de secondes nécessaires pour parcourir 100 mètres.

VITESSES MAXIMA autorisées par l'arrêté du 25 janvier 1923.	DISTANCES ARRONDIES parcourues en une seconde.	TEMPS NÉCESSAIRE pour FRANCHIR 100 MÈTRES (en chiffres ronds).
40 km. à l'heure.	11 m. 10.	9 secondes.
35 —	9 m. 70.	10 —
30 —	8 m. 30.	12 —
25 —	7 m.	14 —
20 —	5 m. 70.	18 —
15 —	4 m. 20.	23 secondes 1/2.
10 —	2 m. 80.	35 — 1/2.
8 —	2 m. 20.	45 secondes.
5 —	1 m. 40.	1 minute 12 sec.

(1)—Voir la définition de l'expression « Poids en charge » donnée à la suite de l'article 29.

Pour que le procédé ait toute la précision désirable, il est bon d'opérer à deux, chacun étant muni d'une montre à secondes et, placé à une borne hectométrique. On retient la seconde précise à laquelle on a été dépassé par le véhicule. La différence entre les résultats donne la durée exacte du passage entre les deux bornes (1).

Tout autre procédé est sujet à contestation, en raison des erreurs dues à la perspective.

La vitesse à l'heure d'un véhicule automobile peut encore se calculer au moyen d'une simple règle de trois.

Si l'automobile a parcouru 100 mètres en neuf secondes par exemple, sa vitesse est trouvée par le raisonnement suivant :

Si en 9 secondes l'automobile parcourt 100 mètres, en 1 seconde elle parcourra 9 fois moins ou $\dfrac{100}{9}$ et en 1 heure, ou 3.600 secondes, elle parcourra 3.600 fois plus ou

$$\frac{100 \times 3.600}{9} = 40.000 \text{ mètres, ou 40 kilomètres.}$$

Si nous appelons V la vitesse cherchée, d la distance utilisée comme base, t le temps mis pour parcourir la distance choisie comme base, H l'heure ou 3.600 secondes, la vitesse à l'heure nous sera donnée par la formule :

$$V = \frac{d \times H}{t}$$

DÉLIT DE FUITE.

En dehors des infractions pour excès de vitesse, les militaires de la gendarmerie peuvent avoir à constater le *délit de fuite*. Ce délit est défini et puni par les dispositions de la loi du 17 juillet 1908 ainsi conçue :

Tout conducteur d'un véhicule quelconque qui, sachant que ce véhicule vient de causer ou d'occasionner un accident, ne se sera pas arrêté et aura ainsi tenté d'échapper à la responsabilité pénale ou civile qu'il peut avoir encourue, sera puni de six jours à deux mois de prison et d'une amende de 16 francs à 500 francs, sans préjudice des peines contre les crimes ou délits qui seraient joints à celui-ci.

Dans le cas où il y aurait lieu, en outre, à l'application des articles 319 et 320 (2) du Code pénal, les pénalités en-

---

(1) Les deux montres doivent évidemment être exactement à la même heure, minute et seconde.

(2) CODE PÉNAL. — *Homicide, blessures et coups involontaires.*

courues aux termes de ces articles seraient portées au double.

Les dispositions de l'article 463 du Code pénal sont applicables au délit prévu par la présente loi.

REFUS DE S'ARRÊTER.

Il ne faut pas confondre le délit de fuite avec le refus de s'arrêter pour se soumettre aux vérifications de la gendarmerie et tenter d'échapper ainsi à la contravention. Le refus de s'arrêter ou la fuite pour échapper aux agents de l'autorité sont visés par l'article 10 de la loi du 30 mai 1851, qui punit le fait d'une amende de 16 à 100 francs.

Le délit de fuite et le refus de s'arrêter étant punis

Article 319. Quiconque, par maladresse, imprudence, inattention, négligence ou inobservation des règlements, aura commis involontairement un homicide, ou en aura involontairement été la cause, sera puni d'un emprisonnement de trois mois à deux ans, et d'une amende de cinquante francs à six cents francs.

Article 320. S'il n'est résulté du défaut d'adresse ou de précaution que des blessures ou coups, le coupable sera puni de six jours à deux mois d'emprisonnement et d'une amende de seize francs à cent francs, ou de l'une de ces deux peines seulement.

Article 463. Les peines prononcées par la loi contre celui ou ceux des accusés reconnus coupables, en faveur de qui le jury aura déclaré les circonstances atténuantes, seront modifiées ainsi qu'il suit :

. . . .

Dans tous les cas où la peine de l'emprisonnement et celle de l'amende sont prononcées par le Code pénal, si les circonstances paraissent atténuantes, les tribunaux correctionnels sont autorisés, même en cas de récidive, à réduire l'emprisonnement même au-dessous de six jours et l'amende même au-dessous de seize francs; il pourront aussi prononcer séparément l'une ou l'autre de ces deux peines, et même substituer l'amende à l'emprisonnement, sans qu'en aucun cas elle puisse être au-dessous des peines de simple police.

Dans le cas où l'amende est substituée à l'emprisonnement, si la peine de l'emprisonnement est seule prononcée par l'article dont il est fait application, le maximum de cette amende sera de 3.000 francs.

Il est évident qu'il n'y a pas lieu de constater le délit de fuite si le conducteur, dont le véhicule a causé l'accident, revient sur les lieux ou se fait connaître lorsqu'il apprend cet accident, dont il a pu ne pas s'apercevoir.

Les procès-verbaux pour délit de fuite sont, naturellement, à transmettre au procureur de la République.

de peines correctionnelles, leurs auteurs peuvent, par application de la loi du 20 mai 1863 sur les flagrants délits, être saisis pour être conduits devant le procureur de la République.

CONDUCTEUR INCONNU OU ÉTRANGER.

Le contrevenant inconnu ou de solvabilité douteuse est, en vertu de l'article 20 de la loi du 30 mai 1851, conduit devant le maire qui fait déposer l'amende encourue et, s'il y a lieu, les frais de réparation, à moins qu'il ne soit présenté une caution solvable.

Lorsque le contrevenant n'est pas domicilié en France, la voiture est provisoirement retenue jusqu'à ce qu'il ait été statué sur le procès-verbal. Les frais de fourrière sont à la charge du propriétaire.

Le contrevenant doit élire domicile dans le département du lieu où la contravention a été constatée. A défaut d'élection de domicile, toute notification est valablement faite au secrétariat de la commune dont le maire a arbitré l'amende ou les frais de réparation.

Automobiles, tracteurs, et véhicules remorqués.

Art. 32. A. — *Règles communes au cas d'une remorque unique et au cas de plusieurs remorques.* — Sont applicables aux véhicules remorqués les prescriptions du présent règlement relatives aux véhicules isolés visés aux articles 2, 3, 5 et au premier alinéa de l'article 27 ci-dessus. — Sont également applicables aux ensembles formés par les véhicules tracteurs et les véhicules remorqués les prescriptions de l'article 13 ci-dessus, concernant les convois.

Le dernier véhicule remorqué doit toujours porter à l'arrière une plaque d'identité reproduisant la plaque d'arrière du véhicule tracteur visé au deuxième alinéa de l'article 27. — Toutefois la plaque du véhicule remorqué pourra être amovible.

Les dispositions particulières aux véhicules remorqués en ce qui concerne les freins et l'éclairage sont énoncées aux articles 23 et 24 ci-dessus.

Les attelages de fortune au moyen de cordes ou de tout autre dispositif ne sont tolérés qu'en cas de nécessité absolue et sous réserve d'une allure très modérée; des mesures doivent être prises pour rendre ces attelages parfaitement visibles de jour comme de nuit. Lorsqu'un même tracteur remorque plusieurs véhicules, il ne peut être employé de moyen de fortune que pour un seul attelage.

B. — *Règles spéciales au cas d'une remorque unique.* — Les limitations de vitesse résultant de l'article 31 ci-dessus, pour les véhicules automobiles dont le poids en charge (1) dépasse 3.000 kilogrammes, s'appliquent à l'ensemble formé par un tracteur et sa remorque considérés comme un véhicule unique dont le poids serait égal à la somme des poids en charge de ses deux éléments.

Si le tracteur et la remorque ne sont pas munis de bandages de même nature, leur vitesse ne peut dépasser le plus faible maximum autorisé pour l'une ou l'autre des catégories de bandages utilisés.

Si le poids en charge de la remorque ne dépasse pas la moitié du poids à vide du tracteur, il n'est pas tenu compte de la remorque pour la limitation de vitesse qui reste déterminée par le poids en charge du tracteur seul.

Toutefois, les véhicules, même pesant en charge moins de 3.000 kilogrammes et traînant une remorque, ne devront, en aucun cas, marcher à une vitesse supérieure à 40 kilomètres à l'heure.

C. — *Règles spéciales au cas de plusieurs remorques.* — Les trains comprenant plusieurs remorques ne peuvent être admis à circuler dans un département sans une autorisation délivrée par le préfet de ce département, après avis, soit de l'ingé-

---

(1) Voir la définition de l'expression « Poids en charge » donnée à la suite de l'article 29.

nieur en chef des ponts et chaussées, soit de l'agent voyer en chef, soit de ces deux chefs de service, suivant la nature des routes et chemins parcourus.

La demande doit indiquer :

1° Les routes et chemins que le pétitionnaire a l'intention de suivre;

2° Les poids en charge du tracteur et de chacune des remorques, ainsi que le poids de l'essieu le plus chargé;

3° La composition habituelle des trains et leur longueur totale;

4° La vitesse de marche prévue;

5° Le mode de freinage adopté en conformité des prescriptions de l'article 23.

L'autorisation détermine les conditions que doivent remplir l'automobile et ses conducteurs pour assurer la sécurité et la commodité de la circulation; en particulier, elle fixe la vitesse maxima de marche, le nombre d'hommes qui doivent être attachés au service du train; en aucun cas, ce nombre ne saurait être inférieur à deux et il doit toujours être tel que, si les freins des véhicules convoyés ne sont pas actionnés par le mécanicien, leur manœuvre soit confiée à autant de conducteurs spéciaux qu'il est nécessaire pour assurer la sécurité de la marche du train, eu égard aux déclivités du parcours et à la vitesse de marche. Les intéressés peuvent faire appel de la décision du préfet devant le Ministre des travaux publics qui statue après avis de la commission centrale des automobiles.

Les prescriptions du présent article ne sont applicables aux matériels spéciaux des départements de la guerre et de la marine qu'autant qu'elles ne sont pas incompatibles avec leur destination.

Les attelages de fortune doivent être rendus très visibles, par exemple avec un morceau d'étoffe rouge, de jour, blanche, de nuit, et éclairée s'il y a lieu; mais notons que rien ne précise les moyens de rendre ces attelages très visibles.

Courses d'automobiles.

Art. 33. — Lorsque le parcours d'une course d'automobiles est compris dans l'étendue d'un seul département, l'autorisation est donnée par le préfet, après avis des chefs de service de voirie et des maires des communes traversées.

Lorsque le parcours comprend plusieurs départements, l'autorisation est délivrée par le Ministre de l'intérieur, sur l'avis des préfets des départements traversés, après consultation des chefs de service de voirie et des maires.

Les frais de surveillance et autres occasionnés à l'administration par la course sont supportés par les organisateurs de celle-ci, qui doivent déposer à cet effet une consignation préalable.

Les maires ayant le droit de fixer le maximum de vitesse à observer dans la traversée de leurs agglomérations, en raison des nécessités locales, conservent ce droit, même en cas de course. Il leur appartient, évidemment, de prendre les dispositions voulues pour en aviser les organisateurs.

CHAPITRE IV.

DISPOSITIONS SPÉCIALES AUX VÉHICULES ATTELÉS OU AUTOMOBILES AFFECTÉS AUX SERVICES PUBLICS DE TRANSPORT EN COMMUN.

Déclaration.

Art. 34. — Les entrepreneurs de services publics de transport en commun, par véhicules attelés ou automobiles, sont tenus de déclarer au préfet du département le siège principal de leur établissement, le nombre de leurs voitures, celui des places qu'elles contiennent, le lieu de la destination, les jours et heures de départ et d'arrivée.

Tout changement aux dispositions ainsi arrêtées donne lieu à une déclaration nouvelle.

Les voitures des services de transport en commun à traction hippomobile ou automobile, sont des voitures publiques ou des voitures de messageries.

Les voitures publiques sont celles suivant un itinéraire régulier avec horaire fixe.

Les voitures de messageries unissent des villes différentes, à jours et heures déterminés à l'avance.

Les unes et les autres admettent les voyageurs sur paiement de leur place. Leur service est réglementé par la loi du 25 mars 1817, visée à l'article 39 ci-après.

Voitures des particuliers. — Les voitures que les particuliers mettent occasionnellement en circulation à prix d'argent ne sont pas des voitures publiques; elles sont régies par la loi du 20 juillet 1837, article 11. La loi du 25 juin 1920 les soumet par son article 98 à un droit de 0 fr. 30 par jour et par place.

Side-cars et cycles-cars. — La loi du 31 juillet 1920, article 36, soumet les side-cars et cycles-cars servant au transport public des voyageurs ou des marchandises à une taxe fixée respectivement à 100 francs et à 200 francs.

Les voitures d'occasion ou à volonté sont soumises à des droits fixés par les lois des 11 juillet 1879 et 25 juin 1920, article 98. Elles sont munies d'un laissez-passer, délivré pour l'année, qui cesse d'être valable s'il ne mentionne pas l'acquit du paiement des droits pour le mois en cours, car ces droits sont payés mensuellement et d'avance d'après le tarif suivant :

Droit fixe par voiture :

1 et 2 places, par mois : 6 francs;
3 places, par mois : 9 francs;
4 places, par mois : 12 francs;
5 places, par mois : 15 francs;
6 places, par mois : 17 francs.

Droit pour chaque place au-dessus de la 6ᵉ :

6 places à 50 places, par mois : 1 fr. 50;
50 à 150 inclus, par mois : 0 fr. 70;
150, par mois : 0 fr. 40.

Lorsqu'un service régulier de voitures est établi et qu'il n'y a pas de service concurrent, nul ne peut refuser une place disponible à un voyageur qui accepte de payer le prix fixé. (Arrêt de cassation du 3 décembre 1867.)

Les articles qui vont suivre réglementent étroitement tout ce qui a trait à la mise en usage et à la circulation des véhicules, assurant un service public. Cela était nécessaire d'ailleurs :

1° Pour fixer les droits des voyageurs et des entrepreneurs;

2° Pour assurer la sécurité des voyageurs et des usagers des routes suivies par les lourds véhicules affectés aux transports en commun.

Toutefois, ces règles nouvelles ont simplifié celles imposées par le décret abrogé du 10 août 1852, afin qu'aucune entrave inutile ne soit apportée au développement des services publics de transports en commun. (Circulaire du Ministre des travaux publics en date du 30 mai 1921.)

Freins.

Art. 35. — Les véhicules attelés, affectés aux services publics susvisés, doivent être pourvus d'au moins un frein pouvant être facilement manié de son siège par le conducteur et, en outre, d'un autre dispositif susceptible d'immobiliser l'une au moins des roues d'arrière.

Dispense de ce dernier dispositif peut être accordée par le préfet pour les véhicules circulant habituellement sur des itinéraires peu accidentés.

Les véhicules automobiles affectés aux services publics susvisés sont astreints aux prescriptions de l'article 23 ci-dessus.

Le dispositif susceptible d'immobiliser l'une au moins des roues d'arrière peut consister en une chaîne et, plus généralement, en un sabot qui se place sous la roue. Il y a lieu de remarquer que la manœuvre de ce dispositif n'est pas réglementée et qu'il peut être mis en œuvre pendant un arrêt du véhicule.

Les infractions à l'article 35 sont évidemment à la charge du propriétaire du véhicule.

Dispositions intérieures et extérieures des véhicules.

Art. 36. — L'intérieur des véhicules affectés aux services publics de transport en commun doit être disposé de manière à assurer la sécurité et la commodité des voyageurs.

Les indications relatives à l'itinéraire suivi doivent être placées à l'intérieur des véhicules d'une façon très apparente.

Éclairage.

Art. 37. — Pendant la nuit, les véhicules affectés aux services publics susvisés seront signalés en avant par deux feux blancs et en arrière par un feu rouge.

Ce dernier devra être placé sur le côté gauche du véhicule. Il pourra, conformément à l'article 4 ci-dessus, être produit par le même foyer lumineux que le feu gauche d'avant, dans le cas où la longueur totale du véhicule, chargement compris, n'excède pas 6 mètres.

L'éclairage dés véhicules automobiles sera assuré dans les conditions prévues par l'article 24 ci-dessus. Toutefois, la vitesse maximum à partir de laquelle est obligatoire l'emploi d'un feu éclairant la route à 100 mètres au moins en avant est abaissé de 20 à 12 kilomètres à l'heure.

Noter que les deux feux blancs à l'avant sont exigés, même pour les véhicules à traction animale affectés à un service public, et que l'appareil supplémentaire des véhicules automobiles doit éclairer la route lorsque la vitesse atteint 12 kilomètres. La sécurité des voyageurs impose ces dispositions. On comprendra, en effet, qu'un lourd véhicule s'arrête moins facilement qu'une voiture de tourisme, d'où la nécessité de s'éclairer à 100 mètres à partir d'une vitesse de 12 kilomètres à l'heure.

Réception.

Art. 38. — Aussitôt après la déclaration faite en vertu de l'article 34 ci-dessus, le préfet ordonne la visite des véhicules afin de constater qu'ils ne présentent aucun vice de construction qui puisse occasionner des accidents et qu'ils satisfont aux conditions nécessaires pour assurer la commodité et la sécurité du transport des voyageurs.

Cette visite, qui pourra être renouvelée toutes les fois que l'autorité le jugera nécessaire, est faite en présence du commissaire de police ou, à défaut, en présence du maire ou de son délégué.

L'entrepreneur a la faculté de nommer, de son côté, un expert pour opérer contradictoirement avec celui de l'administration. En cas de désaccord entre les experts, il sera statué par le préfet sur le vu de leur avis.

La visite des véhicules est faite à l'un des principaux établissements de l'entreprise; les frais sont à la charge de l'entrepreneur.

Autorisation de circuler et de stationner.

Art. 39. — Aucun véhicule affecté aux services publics de transport en commun ne peut être mis en circulation sans une autorisation délivrée par le préfet après réception du véhicule effectuée comme il est dit à l'article 38 ci-dessus. En ce qui concerne la mise en circulation des véhicules automobiles, cette réception ne dispense d'ailleurs pas des formalités prescrites au chapitre III du présent règlement.

Le préfet transmet au directeur des contributions indirectes un extrait des autorisations qu'il a accordées. L'estampille prescrite par l'article 117 de la loi du 25 mars 1817 n'est délivrée que sur le vu de l'autorisation qui doit être inscrite sur un registre spécial.

Le retrait d'autorisation de circuler peut être prononcé par le préfet dans les mêmes formes que la réception, s'il est constaté que le véhicule ne satisfait plus aux conditions voulues.

Les points de stationnement sont fixés par arrêté préfectoral.

Le fait de faire circuler un véhicule de transport en commun sans autorisation préfectorale constitue une infraction à la charge du propriétaire. Si l'autorisation accordée ne peut être présentée par le conducteur, ce défaut de présentation constitue une infraction à la charge du conducteur.

Indications diverses et tarifs.

Art. 40. — Chaque véhicule affecté aux services publics de transport en commun doit porter à l'extérieur, dans un endroit apparent, indépendamment de l'estampille délivrée par l'administration des contributions indirectes, le nom et le domicile de l'entrepreneur.

Le nombre et le prix des places sont affichés à l'intérieur des compartiments.

Les tarifs ne peuvent être modifiés qu'après que les changements prévus auront été affichés au moins pendant huit jours pleins, par l'entrepreneur, dans ses divers bureaux et à l'intérieur des compartiments de ses véhicules.

La jurisprudence s'est établie de considérer comme une infraction à l'article 471 du Code pénal, paragraphe 15, le refus de payer le prix de la place fixé par arrêté et que, dans ce cas, les gendarmes et autres agents de la force publique ont qualité pour intervenir, verbaliser et faire descendre la personne qui refuse de payer sa place. (Tribunal de la Seine, 25 juillet 1894.)

Obligations imposées aux conducteurs.

Art. 41. — Nul ne peut être admis à conduire des véhicules affectés aux services publics de transports en commun s'il n'est porteur d'un certificat de bonne vie et mœurs délivré par le maire de la commune de son domicile, et, en outre, pour les véhicules automobiles, du certificat de capacité visé à l'article 29 ci-dessus.

Les cochers de voitures attelées doivent être âgés de 16 ans au moins et les conducteurs d'automobiles de 20 ans au moins.

Dans les haltes, le receveur et le conducteur ne peuvent quitter en même temps le véhicule tant qu'il reste attelé ou que le moteur est en mouvement.

Avant de donner le signal du départ, le receveur ou, à son défaut, le conducteur, doit s'assurer que les dispositifs destinés à assurer la sécurité des voyageurs sont en place.

Si le conducteur n'est pas porteur de son certificat de bonne vie et mœurs et du certificat de capacité, la contravention est à sa charge; elle est, au contraire, à la charge du propriétaire si ces pièces n'ont pas été obtenues.

La différence d'âge entre les conducteurs de véhicules hippomobiles et automobiles se comprend si l'on songe aux fatigues qu'imposent à ceux qui tiennent le volant les longs parcours des véhicules automobiles et aussi à la force nécessaire pour manœuvrer les appareils de direction et de freinage des gros autobus et camions. D'ailleurs, pendant la guerre, tous les véhicules automobiles militaires de poids lourd étaient, pour ces mêmes raisons, pourvus de deux conducteurs.

Bien que rien ne le précise, il semble que ces dispositions s'appliquent aux conducteurs de tout autobus transportant des voyageurs, tels qu'autobus d'hôtel. La jurisprudence n'étant pas fixée sur ce point qu'aucun texte ne précise, il sera indispensable de rédiger les procès-verbaux de la façon la plus précise et de bien spécifier la nature du véhicule, le nombre de places et son poids, afin que le tribunal puisse disposer de tous les éléments d'appréciation.

Les voitures assurant de façon irrégulière le transport de voyageurs payant leur place pour se rendre à une foire ou au marché, ne sont pas des voitures de transport en commun mais des voitures d'occasion ou à volonté. (Voir commentaires de l'article 34.)

Si le transport est gratuit, le véhicule est un véhicule particulier.

Droit de passage.

Art. 42. — Lorsque, contrairement à l'article 9 du présent règlement, un roulier ou conducteur de véhicule quelconque, de bête de trait, de charge ou de selle ou d'animal, n'aura pas cédé la moitié de la chaussée à un véhicule affecté à un service public de transport en commun (1), le conducteur qui aurait

---

(1) Ces dispositions ne sauraient viser les autobus d'hôtel ou d'entrepreneurs particuliers de transport de touristes par exemple, car s'ils transportent le public, ils ne sont pas service public.

Nous paraissons ici en désaccord avec notre commentaire de l'article 41, mais cela n'est pas, car l'article 41 vise la sécurité de voyageurs, tandis qu'ici on vise les commodités de circulation indispensables pour permettre aux véhicules de transport en commun de respecter les horaires qui leur sont imposés avec, souvent, des pénalités pour retards.

à se plaindre de cette contravention en fait la déclaration, avec tous renseignements et justifications à l'appui, à l'officier de police du lieu le plus rapproché.

Celui-ci dresse procès-verbal de la déclaration et la transmet sur-le-champ au procureur de la République.

Aux termes de l'article 42, la déclaration du conducteur d'un véhicule affecté à un service public, auquel on n'aurait pas cédé la moitié de la chaussée, doit être faite à un officier de police. Il en résulte que les chefs de brigade et gendarmes, qui ne sont pas officiers de police judiciaire, ne doivent dresser procès-verbal qu'à défaut d'officier de police, et que, dans un chef-lieu d'arrondissement ou de section, c'est à l'officier qu'il appartiendra de dresser ce procès-verbal. Ce procès-verbal sera, naturellement, à la charge du conducteur qui n'aurait pas cédé la moitié de la chaussée.

Création des relais.

Art. 43. — Les entrepreneurs sont tenus de faire, aux préfectures des départements intéressés, la déclaration des lieux où les relais sont situés, ainsi que la déclaration du nom des relayeurs.

La déclaration est renouvelée chaque fois que les entrepreneurs traitent avec un nouveau relayeur.

Organisations des relais.

Art. 44. — Les relayeurs ou leurs préposés sont tenus d'être présents à l'arrivée et au départ de chaque véhicule et de s'assurer eux-mêmes, et sous leur responsabilité, que les conducteurs ne sont pas en état d'ivresse.

La tenue des relais, en tout ce qui intéresse la sécurité des voyageurs, est surveillée par les maires des communes où ces relais se trouvent établis.

Registre des réclamations.

Art. 45. — A chaque bureau de départ et d'arrivée, et à chaque relai, il doit exister un registre, coté et paraphé par le maire, pour l'inscription des plaintes que les voyageurs peuvent avoir à formuler contre les conducteurs, cochers ou receveurs. Ce registre est présenté aux voyageurs à toute réquisition par le chef de bureau ou le relayeur.

Si le registre est refusé au voyageur, il y a contravention à la charge du chef de bureau ou de relai; s'il n'y a pas de registre, la contravention est à la charge de l'entrepreneur.

Dispositions spéciales aux voitures internationales.

Art. 46. — Les véhicules qui assurent un service international de transport en commun sont soumis, en ce qui concerne les parcours sur le territoire français, aux prescriptions du présent règlement, sauf dérogation résultant d'un accord entre les gouvernements intéressés.

Publicité des dispositions précédentes.

Art. 47. — Les articles 34 à 45 inclus doivent être constamment placardés, par les soins des entrepreneurs, dans le lieu le plus apparent des bureaux et des relais.

Les articles 40 et 45 doivent être imprimés à part et affichés dans l'intérieur de chacun des compartiments des véhicules.

Le défaut d'affichage entraîne contravention à la charge de l'entrepreneur.

CHAPITRE V.

DISPOSITIONS APPLICABLES AUX CYCLES.

A. — *Cycles pourvus d'un moteur mécanique.*

Art. 48. — Les cycles pourvus d'un moteur mécanique sont régis par les dispositions du chapitre III ci-dessus.

Toutefois, sont seulement soumises aux articles 21 (éloigner danger d'incendie), 22, 23, 25, 26 (réception par service des mines), 31 (vitesse) et 33 (courses) du chapitre III, relatif aux véhicules automobiles, et sont assujetties aux articles 49 (éclairage des bicyclettes), 51 (plaques), 52 (vitesse) (paragraphe 2) du chapitre V (B) concernant les cycles sans moteur, les bicyclettes à moteur auxiliaire (B. M. A.) présentant les conditions de construction suivantes :

1° Peser au plus 30 kilogrammes, moteur compris;

2° Ne pas dépasser en palier, une vitesse maxima de 30 kilomètres à l'heure;

3° Demeurer susceptibles d'être actionnés par les pieds au moyen de pédales.

Les constatations et certifications du service des mines, prévues à l'article 26, comprendront la vérification de ces conditions de construction.

Indépendamment de la plaque prescrite par l'article 51 et indiquant le nom et le domicile du propriétaire, les bicyclettes à moteur auxiliaire doivent porter, d'une manière apparente, sur une plaque métallique invariablement fixée au moteur, le nom du constructeur du moteur, l'indication du type du véhicule, le numéro d'ordre dans la série du type et les initiales B. M. A., le tout authentifié par une ou plusieurs marques de poinçon apposées par le constructeur (1).

____

(1) Modifications apportées par le décret du 12 septembre 1925.

B. — *Cycles sans moteur mécanique.*

NOTA. — D'un considérant d'un arrêt rendu le 7 mai 1900 par la Cour de Paris, il résulte que les bicyclettes sans moteur ne peuvent être considérées légalement comme des voitures et que ceux qui les montent, ne peuvent, en conséquence, se voir obligés d'observer les obligations faites par la loi aux voituriers.

Éclairage.

Art. 49. — Dès la chute du jour, tout cycle doit être pourvu soit d'un feu visible de l'avant et de l'arrière, soit d'un feu visible à l'avant seulement et d'un appareil à surface réfléchissante rouge à l'arrière (1).

L'absence de feu constitue une contravention à la charge du cycliste, tandis que l'absence d'appareil à surface réfléchissante est une contravention imputable au propriétaire de la bicyclette.

Il est bien évident que l'appareil à surface réfléchissante rouge ne peut, comme les lanternes, être exigé que la nuit.

Le bicycliste qui conduit sa machine à la main n'est pas tenu d'avoir une lanterne allumée. (Cassation, 4 avril 1914.)

Un cycliste ne peut, ainsi qu'il a été jugé par plusieurs juges de paix, se dispenser d'éclairer sa machine sous prétexte qu'il suit un autre cycliste ou un véhicule en règle, fût-il remorqué par lui.

---

(1) Les bicyclettes de la gendarmerie appartenant aux masses d'entretien et de remonte devront être munies obligatoirement, à partir du 27 mai 1922, d'une surface réfléchissante rouge à l'arrière. Les frais seront supportés par la masse d'entretien et de remonte.

En ce qui concerne les bicyclettes appartenant aux militaires qui reçoivent une indemnité journalière d'entretien pour les utiliser dans le service, cet accessoire devra être payé par les intéressés eux-mêmes. Il est à noter, d'ailleurs, que ceux-ci, aux termes de l'article 49 du décret du 31 décembre 1922, ne sont pas tenus d'effectuer cette dépense, si, par ailleurs, ils disposent d'un appareil éclairant donnant un feu visible à la fois de l'avant et de l'arrière. (Circulaire ministérielle n° 3200 T/13, du 21 février 1922, qui visait le décret du 27 mai 1921, non modifié sur ce point par le décret du 31 décembre 1922.

Signaux sonores.

Art. 50. — Tout cycle doit être muni d'un appareil avertisseur constitué par un timbre à note aiguë ou un grelot, dont le son puisse être entendu à 50 mètres au moins, et qui sera actionné aussi souvent qu'il sera besoin. L'emploi de tout autre signal sonore est interdit.

La contravention est naturellement à la charge du propriétaire de la bicyclette.

L'appareil sonore doit être fixé à la machine (arrêt de cassation du 13 mars 1896) et le cycliste n'a le choix qu'entre le timbre à note aiguë ou le grelot; mais on ne peut verbaliser à sa charge pour avoir muni sa bicyclette d'une trompe ou de tout autre appareil sonore, s'il n'en a pas fait usage.

Plaques.

Art. 51. — Tout cycle doit porter une plaque métallique indiquant le nom et le domicile du propriétaire, ainsi qu'un numéro d'ordre, si le propriétaire est loueur de cycles.

Ces indications peuvent valablement être portées sur la plaque fiscale prévue par les articles 23, 24 et 25 de la loi du 30 janvier 1907 et par l'article 41 de la loi du 31 décembre 1921. Voici ces textes :

Article 23. A partir du 1ᵉʳ janvier 1907, la taxe sur les vélocipèdes sera réduite à 3 francs par place, elle restera fixée à 12 francs par place pour les vélocipèdes et appareils analogues munis d'une machine motrice. Cette taxe sera perçue à titre d'impôt indirect dans les conditions ci-après :

Aucun vélocipède ou appareil analogue ne pourra être mis en circulation sans avoir été revêtu d'une plaque fournie par l'administration des contributions indirectes contre payement de l'impôt par le contribuable, qui devra faire connaître en même temps son nom et son adresse. Les plaques seront renouvelables tous les ans du 1ᵉʳ janvier au 31 décembre. Leur modèle, ainsi que les conditions dans lesquelles elles devront être fixées, seront déterminés par arrêtés ministériels.

Article 24. Les contraventions à l'article précédent et aux dispositions des arrêtés ministériels rendus pour son exécution seront constatées par les agents des contributions indirectes et des octrois et par tous autres agents ayant qualité pour dresser procès-verbaux en matière de police de roulage. Les vérifications nécessaires à cet effet pourront être effectuées sur la voie publique, dans les établissements ouverts au public et en tous autres lieux où les agents susdésignés ont légalement accès. Les contraventions constatées et poursuivies comme en matière de contributions indirectes seront déférées aux tribunaux de simple police et punies d'une amende de 1 à 15 francs, indépendamment du quintuple du droit fraudé. A défaut de caution ou de consignation de l'amende, les vélocipèdes ou appareils analogues seront saisis, mais seulement pour garantie des condamnations à intervenir.

En cas de procès-verbal rapporté contre inconnus, la confiscation des machines sera prononcée.

L'article 41 de la loi de finances du 31 décembre 1921 a modifié le tarif ainsi qu'il suit :

A partir du 1ᵉʳ janvier 1922, les tarifs fixés par l'article 23 de la loi du 30 janvier 1917 seront portés à 5 francs par place pour les vélocipèdes ordinaires et à 20 francs également par place pour les vélocipèdes et appareils analogues munis d'une machine motrice.

Toutefois, ces tarifs ne seront pas applicables aux vélocipèdes ordinaires et aux vélocipèdes et appareils analogues munis d'une machine motrice, lorsque ceux-ci seront achetés pour leurs usages personnels par des mutilés de la guerre paralysés ou amputés de l'un ou des deux membres inférieurs.

Nota. — Par machines analogues, il faut entendre les vélocimanes visés plus loin. (*Circulaire du 29 juillet 1924.*)

TAXES SUR LES VÉHICULES AUTOMOBILES, MOTOCYCLETTES ET BICYCLETTES MILITAIRES.

Paragraphe A. — La loi du 30 juin 1923, portant fixation du budget général de l'exercice 1923, dispose, en son article 42, que les taxes fixées par l'article 100 de la loi du 25 juin 1920 *ne sont pas applicables* aux véhicules automobiles possédés en conformité des règlements du service militaire ou administratif et *exclusivement* utilisés pour les besoins du service.

Afin de permettre le contrôle nécessaire, les conducteurs des véhicules automobiles susvisés doivent présenter le livret matricule de leur véhicule à tous les agents de surveillance qui leur en feront la demande : agents des contributions, agents chargés de la police du roulage, etc... Les autorités militaires intéressées devront s'assurer que les conducteurs sont bien informés de cette obligation.

Paragraphe B. — *Restent soumis au payement d'une taxe*, les véhicules désignés ci-après, non visés par la loi du 25 juin 1920 :

a) Les motocyclettes employées sans side-car. La taxe est payée sur les crédits relatifs à l'entretien du matériel automobile du service propriétaire intéressé : artillerie, aéronautique, etc...;

b) Les bicyclettes. La taxe est payée par les corps, services ou établissements propriétaires.

Les plaques justifiant du payement de la taxe pour les motocyclettes sans side-car et les bicyclettes doivent recevoir l'inscription « guerre », ainsi que l'indication du service ou du corps. Ces marques sont faites au moyen de lettres à frapper à froid et très profondément, de façon à éviter toute substitution.

Paragraphe C. — *Véhicules non employés exclusivement pour les besoins du service.* — Les seuls véhicules automobiles entrant dans cette catégorie sont ceux qui ont été mis à titre personnel et permanent à la disposition des hautes personnalités militaires par le décret du 27 septembre 1922.

Ces hautes personnalités, étant autorisées à employer leur voiture en dehors du service, sont astreintes au payement à leurs frais de la taxe sur les automobiles.

D'autre part, ces mêmes personnalités doivent supporter la responsabilité des conséquences des accidents causés aux tiers par l'emploi desdits véhicules, conséquences contre lesquelles il leur appartiendra de se couvrir au moyen d'assurances contractées en leur nom personnel et à leurs frais. Ces assurances devront être contractées sur l'initiative personnelle des intéressés, dans un délai de deux mois à partir de la date de la présente circulaire. (*Circulaire n° 21414 2/3 du 21 mars 1924.*)

Vitesse.

Art. 52. — **Les cycles doivent prendre une allure modérée** dans la traversée des agglomérations, ainsi qu'aux croisements, carrefours et tournants des voies publiques.

Ils ne peuvent former dans les rues des groupes susceptibles de gêner la circulation.

Lorsque des cyclistes forment dans les rues des groupes susceptibles de gêner la circulation, chacun des cyclistes du groupe doit figurer au procès-verbal, car chaque cycliste est susceptible d'être poursuivi en simple police.

Croisement ou dépassement.

Art. 53. — Les cyclistes doivent prendre leur droite lorsqu'ils croisent des véhicules quelconques, des cycles ou des animaux, et leur gauche lorsqu'ils veulent les dépasser; dans ce dernier cas, ils sont tenus d'avertir le conducteur ou le cavalier au moyen de leur appareil sonore et de modérer leur allure.

Réglementation de la circulation des cycles.

Art. 54. — Par dérogation à l'article 12 ci-dessus, la circulation des cycles est admise sur les trottoirs, à condition que les machines soient conduites à la main.

En outre, le long des routes et chemins pavés ou en état de réfection, la circulation des cycles est tolérée, en dehors des agglomérations, sur les trottoirs et contre-allées affectés aux piétons. Mais, dans ce cas, les cyclistes sont tenus de prendre une allure modérée à la rencontre des piétons et de réduire leur vitesse au droit des habitations.

MUTILÉS.

Règles applicables aux vélocimanes. Plaques de contrôle à exiger sur les cycles des détenteurs non mutilés.

Circulaire du ministère des finances (direction des contributions indirectes) pour l'application des articles 41 et 42 de la loi de finances du 31 décembre 1921 concernant les vélocipèdes et les briquets.

(Extraits.)

Paris, le 31 janvier 1922.

1° VÉLOCIPÈDES.

a) *Mutilés.* — Dans son premier paragraphe, l'article 41 de la loi de finances du 31 décembre 1921 (reproduit ci-dessus) a élevé les tarifs de l'impôt pour les vélocipèdes ordinaires et pour les vélocipèdes et appareils analogues munis d'une machine motrice.

Aucune modification n'est apportée à la définition des éléments imposables, telle qu'elle est donnée par la circulaire n° 672, du 31 janvier 1907. Mais le nouveau texte édicte dans son deuxième paragraphe l'exemption d'impôt à l'égard des vélocipèdes et appareils analogues, munis ou non de moteur, utilisés par des mutilés de la guerre paralysés ou amputés de l'un ou des deux membres inférieurs.

Ces machines pourront donc, à l'avenir, circuler sans être munies de la plaque de contrôle. Certaines se différencient par quelque particularité extérieure, notamment l'immobilisation d'une pédale; mais, pour d'autres, aucune particularité apparente ne permet de les distinguer.

Les agents de surveillance ne pourront, en conséquence, se guider en ce qui les concerne que sur le genre de mutilation ou d'infirmité, ainsi que sur la qualité de la personne faisant usage du vélocipède. Afin d'éviter les abus auxquels pourrait donner lieu le régime d'exception, le contrôle à la circulation ne devra pas être négligé; les employés auront même la faculté de réclamer aux intéressés des pièces justificatives; mais ils ne devront user de ce droit qu'avec prudence et modération.

b) *Vélocimanes.* — A l'égard des motocyclettes pro-

prement dites et des appareils pouvant être actionnés
par les pieds, la franchise d'impôt est réservée aux vic-
times de la guerre. Mais pour les *vélocimanes*, c'est-à-
dire des machines actionnées à l'aide d'une manivelle,
même si elles sont propulsées par un moteur d'une
force n'excédant par 1 H. P. 1/2, que l'administration
a de tout temps considérées comme devant être exoné-
rées de l'impôt, l'exemption continuera à être admise
sans restriction.

*Circulaire du ministère des travaux publics (voirie rou-
tière) relative à la réglementation, application aux
vélocimanes.*

Paris, le 28 juillet 1924.

... J'ai l'honneur de vous faire connaître que les véhi-
cules mus par la force des bras me paraissent rentrer
incontestablement dans la catégorie de véhicules dési-
gnés sous le terme général de « cycles » dans le décret
du 31 décembre 1922, chapitre V. Si les rédacteurs du
Code de la route avaient voulu exclure de ces dispo-
sitions les « vélocimanes », ils auraient sans nul doute
usé du terme restrictif de « vélocipède ». Les « véloci-
manes » sans moteur auxiliaire sont donc régis par
les dispositions du Code de la route relatives aux « cy-
cles sans moteur mécanique », et les « vélocimanes »
pourvus d'un moteur auxiliaire par celles concernant
les « cycles avec moteur mécanique ».

c) *Nombre de plaques de contrôle à exiger des déten-
teurs non mutilés.* — L'administration rappelle que les
vélocipèdes et appareils analogues doivent être revêtus
d'autant de plaques qu'ils comportent de places; il faut
entendre, par places, non seulement celles qui existent
sur la machine elle-même, mais encore celles conte-
nues dans des caisses ou paniers annexes. Il serait
rigoureux cependant de retenir pour le calcul des droits
les paniers que certains cyclistes adaptent au guidon
pour le transport d'enfants en bas âge.

Dans la catégorie des vélocipèdes et appareils
munis d'une machine motrice doivent être compris,
non seulement les motocyclettes proprement dites,
qu'elles soient ou non pourvues de pédales, dans le
cadre desquelles le moteur est fixé à demeure, mais
aussi les bicyclettes ou tricycles que certains posses-
seurs munissent d'un dispositif spécial (cyclo-tracteur,

moto-roue, etc.). Les machines ainsi agencées doivent être revêtues de la plaque de contrôle de 20 francs, laquelle sera admise, bien entendu, pour légitimer leur circulation lorsqu'elles seront débarassées du moteur annexe.

RÉPARTITION DE GRATIFICATIONS.

La question a été posée de savoir dans quelles conditions devaient être réparties, entre les militaires de la gendarmerie, les gratifications provenant d'infractions en matière de circulation de vélocipèdes et automobiles, lorsque ces infractions sont de la compétence de l'administration des contributions indirectes.

La répartition de ces gratifications doit être assurée dans les mêmes conditions que le produit des amendes et saisies en matière de contributions indirectes, c'est-à-dire conformément aux dispositions de l'article 216 du décret du 5 décembre 1902. (*Circulaire n° 035 4/5 du 23 juillet 1924.*)

CHAPITRE VI.

DISPOSITIONS APPLICABLES AUX PIÉTONS ET AUX ANIMAUX NON ATTELÉS NI MONTÉS.

Piétons.

Art. 55. — Sans préjudice des mesures de prudence qui leur incombent, les conducteurs de véhicules quelconques sont tenus d'avertir les piétons de leur approche.

Les piétons, dûment avertis, doivent se ranger pour laisser passer les véhicules, cycles, bêtes de trait, de charge ou de selle.

« L'article 55, qui garantit à nouveau au piéton le droit d'être protégé par un avertissement du conducteur de tout véhicule, lui impose, par contre, l'obligation de déférer à cet appel en laissant momentanément la chaussée libre. Il résulte de cette astreinte imposée aux piétons le devoir, pour les services de la voirie, de dégager les accotements de tout dépôt et l'accès des trottoirs de tout obstacle qui serait de nature à empêcher le piéton de trouver le refuge auquel il doit pouvoir prétendre. » (Circulaire du Ministre des travaux publics en date du 30 mai 1921.)

Les gendarmes appelés à relever une infraction contre un piéton qui ne se serait pas rangé, ne devront donc jamais omettre de mentionner si les accotements et trottoirs permettaient au contrevenant de laisser le passage libre.

Troupeaux.

Art. 56. — La conduite des groupes et troupeaux d'animaux de toute espèce circulant sur les voies publiques doit être assurée de telle manière qu'elle ne constitue pas une entrave pour la circulation publique et que leur croisement ou dépassement puisse s'effectuer dans des conditions satisfaisantes. Les troupeaux ne doivent pas stationner sur la chaussée.

Les préfets déterminent chaque année les conditions particulières à observer pour les troupeaux transhumants, afin de gêner le moins possible la circulation publique, et notamment les itinéraires que doivent suivre ces troupeaux.

On appelle transhumance l'émigration périodique des troupeaux de la plaine ou des vallées vers les pâturages des montagnes, d'où ils redescendent à l'approche de l'hiver.

Pour les devoirs des conducteurs de véhicules à l'approche, au croisement ou au dépassement d'un troupeau, voir les articles 9, paragraphe 2, 21, paragraphe 2, et 31, paragraphe 1er, qui précèdent.

Divagation ou abandon des animaux sur la voie publique.

Art. 57. — Sans préjudice des dispositions du Code pénal concernant les animaux malfaisants ou féroces, il est interdit de laisser vaguer sur les voies publiques un animal quelconque et d'y laisser à l'abandon des bêtes de trait, de charge ou de selle.

Voir l'article 475, paragraphe 7, du Code pénal, qui punit la divagation des animaux malfaisants ou féroces.

Les infractions à l'article 57 sont à la charge du propriétaire s'il n'a pas commis de gardien à ses animaux. Dans le cas contraire, la contravention serait à la charge du gardien négligent.

Pacage.

Art. 58. — Il est défendu de faire ou de laisser paître les animaux de toute espèce sur les voies publiques autres que les chemins ruraux ou vicinaux ordinaires n'intéressant pas la circulation générale et qui auront été portés à la connaissance du public par arrêté préfectoral.

Ces animaux devront être tenus en laisse.

———————

L'article 15 de la loi du 21 juin 1918 (livre III, chapitre Ier, du Code rural) décide que :

« Lorsque les animaux errants sans gardien ou dont le gardien refuse de se faire connaître, sont trouvés pacageant sur des terrains appartenant à autrui, sur les accotements ou dépendances des routes, canaux, chemins, ou sur les terrains communaux, le propriétaire lésé ou son représentant a le droit de les conduire ou de les faire conduire immédiatement au lieu de dépôt désigné par l'autorité municipale. »

Dans certaines régions, la coutume, approuvée même par des arrêtés de l'autorité administrative, était de faire paître les animaux sur les bas côtés des voies publiques. Il faudra donc, ici encore, se faire l'éducateur des populations pour les amener à respecter les dispositions de l'article 58 du décret du 31 décembre 1922, qui vont troubler profondément leurs habitudes.

Lorsque l'éducation et la persuasion auront fait leur œuvre, il y aura les plus grandes chances pour que la gendarmerie rencontre, comme seuls contrevenants, les personnes bien décidées à ne pas respecter le règlement. Il faudra cependant encore, même à leur égard, agir avec discernement. Ainsi, on ne verbalisera pas pour infraction à l'article 58, lorsque les animaux auront brouté en suivant ou en traversant la route en troupeau régulier ou en isolés, accompagnés de leur gardien. De même, il serait bon, si l'on rencontrait un animal broutant attaché assez court pour ne pouvoir à aucun moment se trouver sur la chaussée, de bien spécifier la chose, dans le procès-verbal, afin de permettre au juge d'apprécier exactement.

Noter, en effet, que l'article 58 dit : « tenu en laisse » ce qui entraîne pour le gardien l'obligation de tenir la laisse à la main si l'on s'en réfère à la lettre du texte. Si on voit le but qui est d'*éviter toute cause d'accident*, on conçoit que l'animal puisse être attaché, afin d'être maintenu sur le bas côté, comme s'il était tenu en laisse.

La jurisprudence n'étant, toutefois, pas encore fixée sur ce point, il importe, comme nous venons de le dire, de décrire toujours très exactement comment l'animal était tenu, à la main ou à l'attache, et s'il pouvait ou non se jeter sur la chaussée, entraver ainsi la circulation ou être une cause possible d'accident.

En résumé, dans ces procès-verbaux, comme d'ailleurs dans tous ceux que la gendarmerie est appelée à dresser, elle doit reproduire les faits avec la plus scrupuleuse exactitude. *A elle, en effet, de constater les faits, au juge d'apprécier s'ils tombent réellement sous le coup de la loi.* Qu'il y ait condamnation ou acquittement, cela importe peu à la gendarmerie; souvent même, l'acquittement aura été prononcé sur le vu de ses procès-verbaux, dont l'impartialité proverbiale ne doit jamais pouvoir être mise en doute. Soldat de la loi, « magistrat armé », le gendarme doit, comme le magistrat, ne montrer aucune animosité personnelle contre les délinquants ou contrevenants. Il doit même, à l'égard de ces derniers, se montrer tout particulièrement patient et bienveillant, car ce sont le plus souvent des négligents, voire même des ignorants, qu'il importe bien plus d'instruire que de punir, surtout lorsque leur bonne volonté ne fait aucun doute.

Les contraventions seront, comme celles à l'article 57, à la charge du propriétaire ou du gardien, suivant les cas envisagés au commentaire dudit article.

CHAPITRE VII.

DISPOSITIONS TRANSITOIRES ET DIVERSES.

Contraventions au présent règlement.

Art. 59. — Les contraventions aux dispositions du présent règlement seront constatées par des procès-verbaux et déférées aux tribunaux compétents, conformément aux lois et règlements en vigueur.

Délais d'application du présent règlement.

Art. 60. — Les délais suivants sont accordés pour l'application des articles visés ci-dessus aux véhicules qui seront en service lors de la publication du présent règlement (1).

Jusqu'au 1er juin 1924 :

Pour les prescriptions de l'article 22 concernant l'obligation, pour certains véhicules automobiles, d'être munis d'un appareil rétroviseur;

Pour les prescriptions de l'article 24 relatives à l'éclairage spécial des véhicules automobiles.

Jusqu'au 1er juin 1926 :

Pour les prescriptions de l'article 2 relatives aux dimensions et à la nature des bandages des roues;

Pour les prescriptions de l'article 3 relatives au gabarit des véhicules et aux saillies des fusées d'essieux, des moyeux ou des organes de freinage.

Pendant les périodes transitoires, chaque espèce continuera à être soumise aux règlements qui lui

---

(1) Le décret a été publié au *Journal officiel* du 6 janvier 1923.

étaient applicables avant la promulgation du décret
du 27 mai 1921 (1).

Exceptions.

Art. 61. — Le présent règlement ne s'appliquera
pas aux voies ferrées empruntant l'assiette des voies
publiques, ni aux véhicules servant à l'exploitation
de ces voies ferrées qui continuent à être soumis aux
règlements spéciaux les concernant.

Sont dispensés des prescriptions de l'article 21
(2ᵉ paragraphe), de l'article 22 (4ᵉ paragraphe) et des
articles 23 à 30 inclus du présent règlement, les ap-
pareils automobiles à usage agricole ou industriel,
s'ils ne servent pas au transport des marchandises
ou des personnes autres .que le conducteur ou les
ouvriers nécessaires à l'utilisation desdits appareils
et si leur vitesse de marche ne peut dépasser 10 kilo-
mètres à l'heure.

Pouvoirs des préfets et des maires.

Art. 62. — Les dispositions du présent décret ne
font pas obstacle au droit conféré par les lois et rè-
glements aux préfets et aux maires de prescrire, dans
les limites de leurs pouvoirs, et lorsque l'intérêt de
la sécurité ou de l'ordre public l'exige, des mesures
plus rigoureuses que celles édictées par le présent
règlement.

Règlements abrogés.

Art. 63. — Sont et demeurent abrogés, les dé-
crets des 10 août 1852 et 24 février 1858 relatifs à
la police du roulage, le décret du 29 août 1863 con-
cernant l'établissement des barrières de dégel, les

---

(1) Le décret du 27 mai 1921 a été promulgué au *Journal
officiel* du 31 mai 1921.

décrets du 10 mars 1899, du 10 septembre 1901 et du 4 septembre 1919 ayant trait à la circulation des automobiles, les décrets des 27 mai 1921, 3 juin 1922 et 31 août 1922 portant règlement général sur la police de la circulation et du roulage, ainsi que toutes dispositions contraires à celles du présent règlement.

Exécution du décret.

Art. 64. — Les Ministres de l'intérieur, des finances et des travaux publics sont, chacun en ce qui le concerne, chargés de l'exécution du présent décret, qui sera publié au *Journal officiel* et inséré au *Bulletin des lois.*

Fait à Paris, le 31 décembre 1922.

A. MILLERAND.

Par le Président de la République :

Le Ministre de l'intérieur,

Maurice MAUNOURY.

Le Ministre des travaux publics,

Yves LE TROCQUER.

ANNEXE 1.

Schéma indiquant l'éclairage des divers véhicules.

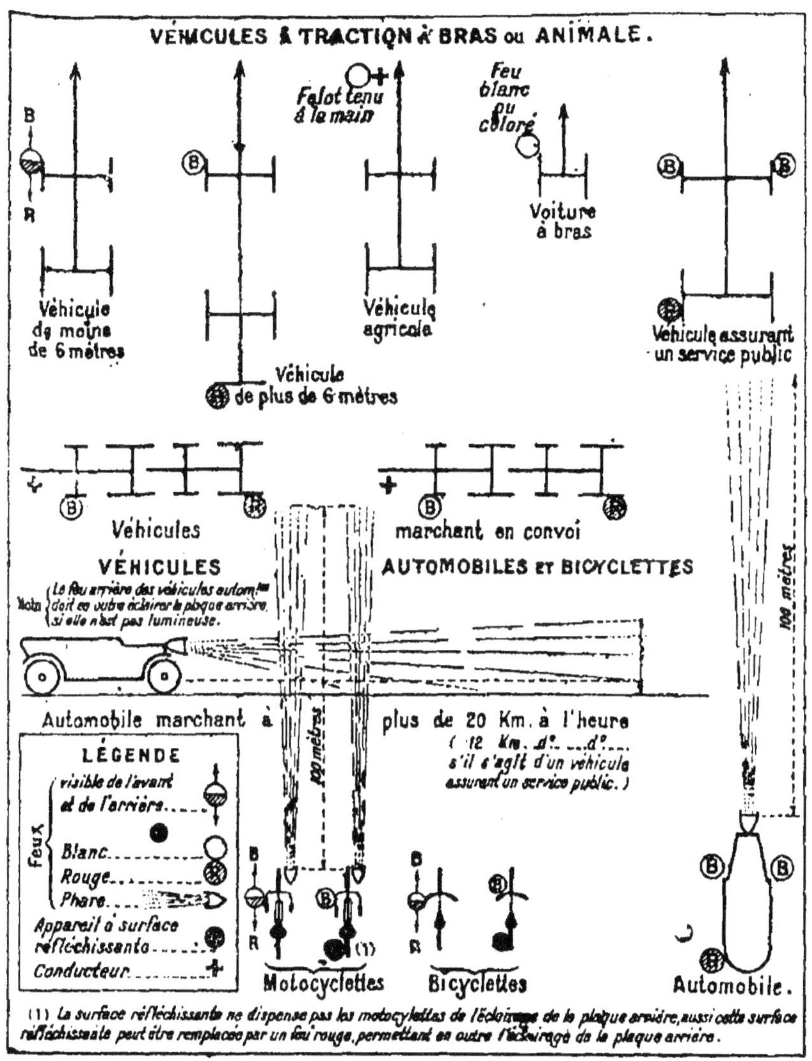

ANNEXE 2.

Circulaires et arrêtés du Ministre des travaux publics relatifs à l'application du Code de la route.

I. — *Circulaire du 30 mai 1921 du Ministre des travaux publics adressant le texte du décret du 27 mai 1921 aux préfets* (1).

Le gouvernement a mis au premier rang de ses préoccupations, dans l'ordre économique, de sauvegarder l'universelle renommée du réseau routier de la France, mis en péril par la nature et l'intensité de la circulation moderne.

Une série de mesures méthodiquement concertées dans ce but sont à l'étude.

Pour conserver cette partie essentielle de l'outillage national et l'accroître, l'Administration poursuit l'amélioration scientifique des procédés de construction et d'entretien des chaussées, recherche le moyen pratique d'affecter spécialement certaines ressources à l'exécution des travaux, songe à coordonner les efforts des collectivités diverses qui ont la charge d'entretenir les routes de toutes catégories.

Toutefois, un problème dont la solution a semblé devoir être immédiate est celui de l'utilisation des routes existantes, de telle manière qu'on puisse en retirer le maximum de commodité et de sécurité. L'aménagement des itinéraires qui s'imposent aux courants naturels du trafic, en dehors de toute idée de classification administrative des voies, constituera un jour, à cet égard, une amélioration certaine. Mais il importe avant tout de procéder à une réglementation équitable et rationnelle de la circulation sur toutes les voies publiques.

---

(1) Les dispositions de cette circulaire demeurent presque entièrement valables pour l'application du décret du 31 décembre 1922 qui a modifié seulement les articles 3, 4, 5, 6, 7, 9, 13, 15, 22, 24, 25, 28, 29, 32 (§ B), 38, 56, 58, 60 et 61. Bien que la circulaire du 15 février 1923 (voir ci-après) lui ait succédé, nous l'avons reproduite, car elle donne des explications qui ne se retrouvent pas dans la circulaire du 15 février précitée.

L'accroissement considérable et constant du nombre et de la puissance des véhicules automobiles avait, dès 1909, amené l'Administration à constater la nécessité d'une refonte complète des divers règlements concernant la police de la circulation routière pour les adapter aux exigences de la technique moderne. L'élaboration d'un règlement unique, déterminant avec précision les droits et les devoirs de chacun des usagers de la route : riverains, agriculteurs, piétons, cyclistes, voituriers, automobilistes, s'imposait déjà dans l'intérêt supérieur de l'ordre et de la sécurité publics.

Au moment où les hostilités ont éclaté, la Commission spécialement instituée pour la préparation de ce texte, auquel on s'est communément plu à donner le nom de « Code de la route », venait de terminer ses travaux, d'après les résultats de l'enquête prescrite par la circulaire ministérielle du 14 août 1912 auprès des Conseils généraux et des groupements agricoles, sportifs et industriels. Mais la guerre, par suite de l'exceptionnelle intensité donnée aux transports automobiles, a permis de recueillir de nouveaux et précieux enseignements. D'autre part, le nombre considérable de conducteurs et de voitures automobiles rendus à l'activité économique par la démobilisation et par la vente des stocks n'a pas manqué d'accroître l'intérêt du problème de la circulation routière.

En effet, aucun procédé d'entretien des chaussées ne saurait mettre les routes à l'abri des conséquences destructives d'une circulation à la fois lourde et rapide, si une police préventive ne tend pas à en éviter ou tout au moins à en atténuer les inconvénients; il est nécessaire pour cela de recourir à des règles impératives qui, sans risquer de nuire au développement souhaitable d'un nouveau mode de locomotion, procurent à tous les usagers de la route, en déterminant leurs droits respectifs, la sécurité à laquelle ils sont fondés à prétendre.

Aussi me suis-je attaché à faire, aussi rapidement que possible, mettre au point, suivant les plus récentes données de l'expérience, le projet de règlement antérieurement élaboré. Le texte arrêté d'après l'avis du Conseil d'Etat a définitivement pris corps sous la forme du décret ci-joint portant règlement sur la police de la circulation de la voie publique.

Les dispositions du nouveau règlement visent les mesures propres à assurer à la fois la protection de là route et la sauvegarde des droits respectifs de ceux qui l'utilisent.

Je crois devoir appeler votre attention sur les divers articles du décret contenant, soit des innovations, soit le rappel de règles particulièrement importantes.

L'article 1er indique d'une façon catégorique que, dans leur ensemble, les prescriptions édictées s'appliquent à « toutes les voies ouvertes à la circulation publique ». Il n'y a donc pas de distinction à faire entre les routes, chemins ou rues diversement classées dans la voirie nationale, départementale, communale ou urbaine. Vous remarquerez toutefois que l'article 10 (*in fine*) et l'article 62 réservent explicitement les droits réglementaires des préfets et des maires.

La limitation, prévue par l'article 2, du poids des véhicules d'après la pression des bandages sur le sol est une innovation capitale pour la conservation de la route. Il conviendra de tenir très sérieusement la main à ce que, dans les délais prescrits à l'article 60, toutes transformations nécessaires soient apportées aux voitures qui ne répondraient pas aux nouvelles conditions.

Le décret de 1852 limitait à $2^m,50$ la longueur des essieux; sauf les exceptions prévues par l'article 3 du nouveau règlement, ce maximum s'appliquera désormais à la largeur des véhicules, toutes saillies comprises.

Le nombre d'accidents dus à l'absence, à l'insuffisance ou aux défectuosités de l'éclairage exige la stricte application des dispositions des articles 4, 25, 37, 49 et 56. La généralisation du feu rouge, fixé à gauche à l'arrière des véhicules, contribuera certainement à éviter des collisions en décelant la position et le sens de marche de ces véhicules. L'emploi de feux aveuglants est interdit dans les agglomérations et même en rase campagne.

. . . .

L'article 17 réserve aux préfets la faculté d'imposer un frein aux véhicules à traction animale, si la topographie de la région l'exige; quant aux automobiles, l'emploi de deux freins indépendants l'un de l'autre reste obligatoire.

Pour les signaux sonores, on a jugé nécessaire de les spécialiser par catégories de véhicules pour éviter tout abus et toute méprise; dans les agglomérations, seul est admis, pour les automobiles, l'usage de la trompe; les cycles doivent être munis exclusivement d'un timbre à note aiguë ou d'un grelot.

Les indications exigibles sur les plaques, prévues par les articles 5, 27 et 51, ont une utilité évidente au point de vue de la police du roulage. Leur importance s'accroît en ce qui concerne les automobiles, du fait que les mentions prescrites constituent les renseignements indispensables pour l'application des vitesses maxima visées à l'article 31.

L'innovation de l'article 26, relatif à la réception des automobiles, consiste à admettre également pour les véhicules de provenance étrangère les facilités réservées jusqu'ici aux véhicules construits en France, c'est-à-dire la réception par type, sous la seule condition que la marque étrangère ait un représentant accrédité auprès du Ministre des travaux publics.

La suppression de toute limite de vitesse maxima pour les automobiles dont le poids total en charge ne dépasse par 3.000 kilogrammes a été inspirée par le désir de ne pas entraver, par des mesures inopportunes et qui risqueraient d'ailleurs d'être inefficaces, le développement d'un moyen de locomotion caractérisé par une vitesse supérieure à celle des anciens véhicules.

Mais l'esprit libéral dans lequel a été conçue cette réforme ne confère nullement à l'automobiliste le droit d'abuser de la faculté qui lui est accordée; sa responsabilité civile et pénale serait engagée non seulement par les accidents de personnes qu'il pourrait provoquer, mais encore par les dommages qu'il causerait aux animaux accompagnés, aux choses d'autrui et à la route. L'article 31 impose au conducteur d'automobile de rester constamment maître de sa vitesse et prévoit, sans intention limitative d'ailleurs, quelques-uns des cas où la marche du véhicule devra obligatoirement être ralentie ou même suspendue (agglomérations, courbes, fortes descentes, sections de routes bordées d'habitations, passages étroits ou encombrés, carrefours, points de croisement ou de dépassement de véhicules ou d'animaux).

C'est la même considération qui, pour les véhicules automobiles d'un poids supérieur à 3.000 kilogrammes, a fait juger indispensable l'établissement d'un barème limitatif de la vitesse, selon le poids de ces véhicules.

Les autres conducteurs sont, au même titre, astreints par l'article 8 à une allure modérée à la traversée des agglomérations et dans toutes les circonstances qui imposent une marche prudente. De l'application ferme de ces dispositions, que je signale spé-

cialement à votre attention, dépendent, à la fois, la
sécurité de la circulation et la conservation des chaus-
sées.

Il a paru utile, en ce qui concerne les bifurcations
et les croisées de chemins, de préciser, à l'article 10,
que les véhicules circulant sur les routes nationales
ou routes assimilées ont la priorité de passage.

Au croisement de deux chemins d'une même caté-
gorie, le conducteur doit céder le passage à celui qui
vient à sa droite.

Ces innovations ne doivent pas exclure la prudence,
ni dispenser les conducteurs de l'usage des signaux
sonores prescrits par l'article 35.

Les mesures édictées par les articles 13 (convois),
14 (transports exceptionnels) et 32 (remorques et trains
routiers) sont inspirées à la fois par la nécessité de
mettre les chaussées à l'abri d'une usure exagérée et
par le souci d'éviter l'encombrement des routes. Je
vous prie de veiller tout particulièrement à leur appli-
cation.

Les règles concernant les services publics de trans-
ports en commun ont été simplifiées, afin qu'aucune
entrave inutile ne soit apportée au développement de
ces services.

Les articles 48 à 54 rappellent, pour les cycles, la
réglementation déjà sanctionnée par une longue ex-
périence, mais dont l'extension aux motocycles n'a
pas paru désirable. L'accroissement de la puissance
des moteurs, l'adjonction d'un deuxième siège et di-
vers autres perfectionnements sont en effet arrivés à
transformer la motocyclette, par étapes successives et
peu marquées, en une véritable voiturette, et il a
semblé rationnel d'assimiler en partie ces véhicules
aux automobiles dont ils atteignent la vitesse.

L'article 55, qui garantit à nouveau au piéton le
droit d'être protégé par un avertissement du conduc-
teur de tout véhicule, lui impose, par contre, l'obli-
gation de déférer à cet appel en laissant momentané-
ment la chaussée libre. Il résulte de cette astreinte im-
posée aux piétons le devoir, pour les services de la
voirie, de dégager les accotements de tout dépôt et
l'accès des trottoirs de tout obstacle qui seraient de
nature à empêcher le piéton de trouver le refuge au-
quel il doit pouvoir prétendre.

Il va de soi qu'en dehors des textes formellement
abrogés par l'article 63, toutes les règles antérieures
de police concernant la conservation des routes ou

la circulation publique restent en vigueur, en tant qu'elles ne sont pas contraires aux prescriptions nouvelles.

. . . .

———————

II. — *Circulaire des Ministres des travaux publics et de l'intérieur en date du 15 février 1923, adressant aux préfets le décret du 31 décembre 1922.*

. . . .

Remanié avec la collaboration de représentants qualifiés des diverses catégories d'usagers de la route, ce décret (décret du 31 décembre 1922) qui, notamment, a tenu le plus large compte des plaintes formulées par les populations rurales, doit être considéré comme établissant la charte, librement acceptée, des droits et des devoirs de tous ceux qui, à des fins quelconques, utilisent les voies ouvertes à la circulation publique.

En dehors des dispositions pour lesquelles les délais sont accordés par l'article 60, toutes les prescriptions du décret du 31 décembre 1922 sont *immédiament* applicables.

Bienveillance recommandée.

Je vous prie d'inviter les agents d'autorité et de police placés sous vos ordres à veiller à leur observation, mais en se souvenant que, pour faire accepter la réforme par tous, *les agents de l'autorité ont le devoir, dans le contrôle comme dans la répression, de faire preuve du maximum de bienveillance compatible avec la sécurité et l'ordre publics.*

Eclairage des véhicules agricoles.

Vous aurez à déterminer, par deux arrêtés réglementaires distincts, les chemins ruraux et vicinaux ordinaires et les sections de chemins vicinaux d'intérêt commun n'intéressant pas la circulation générale, sur lesquels *la circulation des véhicules agricoles non éclairés la nuit et le pacage à la corde tenue en main* peuvent être autorisés en vertu des articles 4 et 58.

Ces arrêtés devront recevoir toute la publicité prévue par les instructions générales sur la matière.

Transhumance.

Le nouveau règlement vous laisse également, en son article 56, le soin de fixer, s'il y a lieu, pour votre département, dans quelles conditions et sur quels itinéraires doivent s'effectuer le rassemblement, la montée et la descente des troupeaux transhumants.

Dispositifs d'éclairage des automobiles et permis de conduire.

Les arrêtés ministériels prévus par les articles 24 et 29, pour régler respectivement les conditions auxquelles doivent répondre *les dispositifs d'éclairage spéciaux aux véhicules automobiles* et conditions d'établissement et de délivrance des *permis de conduire exigibles des automobilistes*, vous seront notifiés ultérieurement...

Vitesse des poids lourds.

Vous trouverez ci-inclus le texte de l'*arrêté interministériel du 25 janvier 1923*, réglementant la vitesse des véhicules automobiles dont le poids en charge dépasse 3.000 kilogrammes pris en exécution des dispositions de l'article 31 du décret du 31 décembre 1922.

Ainsi se trouvera complétée la réglementation générale de la circulation routière.

Pouvoirs de réglementation des préfets et des maires.

Aucune atteinte n'est d'ailleurs portée aux pouvoirs que les préfets et les maires tiennent des lois constitutionnelles de réglementer d'une façon plus précise la circulation sur l'étendue des territoires qu'ils administrent respectivement, toutes les fois que la sécurité et la salubrité publiques sont en jeu. Les articles 31 et 62 ont formellement réservé leurs droits à cet égard.

Les règles de police antérieures concernant la conservation des routes restent en vigueur.

Je crois devoir, enfin, vous rappeler que les règles de police antérieures concernant *la conservation des routes* ou la circulation publique, restent en vigueur en tant qu'elles ne sont pas contraires aux prescriptions du décret du 31 décembre 1922.

Dans cet ordre d'idées, ainsi que l'avait d'ailleurs spécifié la circulaire du 30 mai 1921, il reste interdit, *d'une façon absolue :*

1° D'anticiper sur les limites de la voie publique et ses dépendances (1);

2° De laisser se répandre ou de jeter sur la voie publique et ses dépendances des eaux ou des matières susceptibles de nuire à la salubrité publique, à la sécurité et à la commodité de la circulation (2);

3° De faire obstacle au libre écoulement des eaux dans les caniveaux, ouvrages et fossés de la voie publique (3);

4° D'une manière générale, de dégrader la voie publique ainsi que ses dépendances, les plantations et les ouvrages (4) établis soit dans l'intérêt de la circulation, soit dans un but d'utilité ou de décoration publiques (5).

Il demeure également interdit, *sauf autorisation préalable :*

1° D'ouvrir des fouilles sous la voie publique et ses dépendances (6);

2° De pratiquer des excavations à une distance des limites de la voie publique ou de ses dépendances inférieure à 10 mètres, augmentés d'un mètre par mètre de profondeur de l'excavation, s'il s'agit d'une excavation à ciel ouvert, et à 10 mètres, augmentés d'un mètre par mètre de hauteur de l'excavation, s'il s'agit d'une excavation ou galerie souterraine (7).

3° D'enlever des pierres, terres, gazons ou produits

---

(1) Ordonnance du 4 août 1731; article 471, § 11°, du Code pénal (voir décret annoté du 20 mai 1903, art. 193).

(2) Edit de décembre 1607; arrêté réglementaire du 20 septembre 1858; article 471, § 6°, du Code pénal.

(3) Arrêt du Conseil du 17 juin 1721.

(4) Loi du 29 floréal an X (art. 1er); articles 257 et 437 du Code pénal (voir décret annoté du 20 mai 1903, art. 193, 195 et 200).

(5) Poteaux de signalisation, bornes, becs de gaz, vespasiennes. grilles, abris de cantonniers, parapets, motifs architecturaux des ouvrages, ponts, etc.

(6) Edit de décembre 1607; arrêt du Conseil du 17 juin 1721.

(7) Arrêts du Conseil du 14 mars 1741. 5 avril 1772, 15 septembre 1776; déclarations du roi des 23 janvier 1779 et 17 mars 1780; arrêté réglementaire du 4 juillet 1813.

des plantations provenant de la voie publique et de
ses dépendances (1);

4° De planter des arbres à moins de 2 mètres et
des haies à moins de 0^m,50 des limites de la voie publique et de ses dépendances (2);

5° De faire sur la voie publique et ses dépendances
des dépôts d'objets quelconques ou des installations
de quelque nature qu'elles soient (3).

Enfin, il est à peine besoin d'ajouter que les dispositions des règlements départementaux régulièrement
pris par arrêtés préfectoraux, en vertu de l'article 21
de la loi du 20 août 1881, pour les chemins vicinaux
et pour les chemins ruraux reconnus, restent en vigueur.

Il vous appartiendra, en faisant appel à la vigilance
de tous les agents investis de missions de police sur
la voie publique, de faire respecter ces interdictions,
en même temps que les prescriptions et prohibitions
inscrites dans le nouveau règlement.

Le Ministre des travaux publics,
Yves Le Trocquer.

Le Ministre de l'intérieur,
Maurice Maunoury.

III. — *Arrêté du 25 janvier 1923 fixant les vitesses
maxima des véhicules automobiles dont le poids en
charge dépasse 3.000 kilogrammes.*

Les Ministres de l'intérieur et des travaux publics,

Sur la proposition du conseiller d'Etat, directeur de
l'administration départementale et communale au ministère de l'intérieur, et de l'inspecteur général des
ponts et chaussées chargé du service de la voirie routière au ministère des travaux publics;

Vu l'article 31 du décret du 31 décembre 1922, portant règlement sur la police de la circulation et du
roulage;

Vu l'avis du Conseil général des ponts et chaussées
en date du 16 novembre 1922;

Vu l'avis du Comité consultatif de la vicinalité en
date du 25 onvembre 1922;

---

(1) Ordonnance du 4 août 1731, article 471, § 11°, du Code
pénal.

(2) Ordonnance du 4 août 1731; règlement type du 26 septembre 1858; article 671 du Code civil.

(3) Edit de décembre 1607; ordonnance du 4 août 1731; article 471, § 4°, du Code pénal.

Vu l'avis de la commission centrale des automobiles en date du 6 décembre 1922,

Arrètent :

Article 1er. Les véhicules automobiles dont le poids total en charge est supérieur à 3.000 kilogrammes sont astreints, suivant leur poids total en charge, la nature de leurs bandages et leur affectation au transport soit des personnes, soit des marchandises, à ne pas dépasser les vitesses maxima ci-après :

CATÉGORIES.	POIDS TOTAL en CHARGE.		VITESSE MAXIMA A L'HEURE.			OBSER-VATIONS.
			BANDAGES rigides seulement tolérés jusqu'au 1er juin 1926 Tous transports.	BANDAGES ÉLASTIQUES.		
	de	à		Transport des personnes.	Transport des marchandises.	
	kgr.	kgr.	km.	km.	km.	
1re	3.001	4.500	12	35	25	
2e	4.501	8.000	8	25	20	
3e	8.001	11.000	5	15	15	
4e	au-dessus de 11.000		5	8	8	

Article 2. A titre provisoire, les vitesses maxima que peuvent atteindre les véhicules automobiles dont le poids total en charge dépasse 3.000 kilogrammes, s'ils sont pourvus de bandages pneumatiques, sont fixés comme suit :

CATÉGORIES.	POIDS TOTAL EN CHARGE.		VITESSE MAXIMA A L'HEURE.		OBSER-VATIONS.
	de	à	Transport des personnes.	Transport des marchandises.	
	kgr.	kgr.	km.	km.	
1re	3.001	4.500	40	35	
2e	4.501	8.000	35	30	
3e	8.001	11.000	25	20	
4e	au-dessus de 11.000		15	10	

(1) Poids en charge s'entend du poids du véhicule en ordre de marche avec chargement. Exemple un véhicule porte la plaque P. M. : 2.000 k., C. U. : 2.500 k. Le poids en charge est égal au total des deux poids, soit 4.500 kilogrammes. (Circulaire du Ministre des travaux publics du 3 décembre 1924.)

Article 3. Indépendamment de leur droit de fixer des vitesses inférieures aux maxima ci-dessus, d'après l'état des lieux et les nécessités de la sécurité publique, les préfets peuvent, sur avis conforme du maire et des services de voirie compétents, exceptionnellement autoriser des vitesses supérieures sur les chaussées spécialement aménagées pour la circulation des véhicules de poids lourds.

Article 4. Les préfets et les maires, les fonctionnaires du service des ponts et chaussées et du service vicinal et tous autres agents qualifiés pour exercer la police de la circulation et du roulage, sont chargés de veiller à l'application du présent arrêté.

Fait à Paris, le 25 janvier 1923.

Le Ministre des travaux publics,
Yves LE TROCQUER.

Le Ministre de l'intérieur,
Maurice MAUNOURY.

IV. — *Circulaire du Ministre des travaux publics en date du 16 mars 1923 (série B. n° 16), adressant l'arrêté du 16 mars 1923 aux préfets.*

L'article 29 du décret du 31 décembre 1922 (nouveau Code de la route) a établi les principes d'une nouvelle réglementation du « permis de conduire » les véhicules automobiles.

Sous le régime des décrets antérieurs (10 mars 1899, 10 septembre 1901 et 27 mai 1921), tout conducteur d'automobile devait se pourvoir d'un « certificat de capacité » délivré par le préfet, sur l'avis du service des mines. A l'exception du certificat de capacité spécial prévu pour la conduite des motocycles d'un poids inférieur à 150 kilogrammes, les certificats de capacité (*cartes roses*) ainsi *délivrés*, s'appliquaient aux véhicules automobiles de toute catégorie, quels que fussent leur poids et leur affectation.

L'opinion publique, émue par la fréquence et la gravité de certains accidents, a réclamé un contrôle plus sévère de la capacité des conducteurs d'automobiles en général, et plus particulièrement de ceux qui assument la responsabilité de piloter sur la voie publique soit des véhicules de très grande masse, soit des voitures affectées au transport en commun des personnes. C'est pour répondre à ce vœu que le gouvernement a été amené à prescrire, d'une part, que le permis de conduire ne pourrait désormais être délivré qu'à des candidats âgés d'au moins 18 ans, et, d'autre part, qu'il ne pourrait être utilisé, pour la conduite des voitures affectées à des transports en commun ou des véhicules dont le poids en charge dépasse 3.000 kilogrammes, qu'à la condition de porter une mention spéciale. En ce qui concerne les motocycles, quel que soit leur poids, mais pourvu qu'ils soient simplement à deux roues (1), un permis spécial pourra être délivré à partir de 16 ans. Ces dispositions sont d'ailleurs complétées par la possibilité donnée aux préfets de retirer le permis de conduire après une seule contravention et par l'obligation qui leur est faite de prononcer ce retrait dans le cas de contravention aggravée par l'ivresse du conducteur, comme aussi dans le cas d'incapacité permanente dûment constatée.

C'est en vue de fixer les conditions dans lesquelles devront être appliquées ces nouvelles règles que j'ai pris, en exécution de l'article 29 du décret du 31 décembre 1922, l'arrêté dont le texte suit.

L'*article 1er* détermine les pièces à fournir par tout candidat au permis de conduire. Ces justifications indispensables étaient, en fait, déjà exigées; j'attire toutefois votre attention sur l'innovation suivante :

La demande doit, dorénavant, contenir la déclaration du candidat qu'il ne se trouve pas privé du droit de conduire par suite d'une décision de retrait de permis antérieur. Cette déclaration est exigée pour engager formellement la responsabilité du demandeur. Une sanction sévère s'attachera à toute tentative de fraude, si le Parlement vote la disposition insérée à cet effet dans un projet de loi en discussion.

L'*article 2* pose le principe de l'examen obligatoire des candidats au point de vue de leur capacité à conduire et de leur connaissance des règlements sur la police de la circulation automobile. Les agents du service des mines restent, jusqu'à nouvel ordre, les seuls

---

(1) Donc sans side-car, à moins que le titulaire ne soit âgé de 18 ans. Voir l'indication figurant sur la carte modèle B.

« *experts accrédités* » pour la passation de ces examens en dehors des examinateurs des associations sportives agréées par décisions spéciales.

Les *articles 3 à 5* règlent les conditions matérielles d'établissement et de délivrance des permis de conduire et leur classification en deux catégories distinctes.

La conduite des automobiles est subordonnée à l'obtention d'une carte rose *du modèle A*. En l'absence de mention spéciale au verso, ce permis aura pour effet d'indiquer que son titulaire a l'expérience pratique exigible, d'une manière générale, de tout conducteur d'automobile et constituera en quelque sorte un certificat fondamental. Il n'autorisera cependant son titulaire à conduire :

1° Ni les voitures affectées à des transports en commun;

2° Ni les véhicules pesant en charge plus de 3.000 kilogrammes;

3° Ni les motocycles à deux roues.

Quiconque désirera l'autorisation de conduire des véhicules appartenant à une ou plusieurs de ces trois catégories, devra le spécifier dans sa demande et se soumettre, à cet égard, aux vérifications nécessaires touchant sa capacité.

Le titulaire d'une carte rose du *modèle A* ne portant aucune mention d'extension de validité pourra d'ailleurs, à toute époque, moyennant un examen complémentaire et le versement des droits afférents, obtenir l'apposition d'une ou plusieurs mentions sur son permis, par le préfet du département de sa résidence actuelle.

L'*article 5* institue un permis spécial, *modèle B*, pour la conduite des *motocycles à deux roues*. Ce permis ne comporte pas la possibilité d'une extension ultérieure de validité à d'autres catégories de véhicules que les motocycles à deux roues. A raison des dispositions formelles de l'article 29 du décret du 31 décembre 1922, il ne peut être utilisé, pour la conduite des motocycles avec side-car qu'à partir de 18 ans révolus.

Les mesures transitoires sont réglées par l'*article 6*. Il eût été peu désirable, et d'ailleurs peu pratique, d'imposer un nouvel examen à tous les conducteurs de véhicules automobiles pourvus de certificats de capacité de l'ancien régime. Ces certificats restent donc valables. Leurs titulaires devront simplement, avant le 1er juin 1924, les faire compléter par une mention spéciale d'extension de validité, s'ils désirent les utiliser pour la conduite d'une ou plusieurs des catégories de véhicules mentionnés sur les permis du *modèle A.* Un nouvel examen de capacité ne sera pas exigé si les intéressés justifient qu'ils ont effectivement conduit pendant six mois des véhicules appartenant à ces diverses catégories.

Les préfets resteront juges de la valeur des certificats produits. Ils apprécieront également, s'il y a lieu, ou non, de substituer à l'ancienne carte rose un permis du nouveau modèle portant les mentions correspondant à la damande agréée.

La mise en application de ce nouveau régime a été fixée au 1er juin 1923. pour que l'administration ait le temps matériel de faire imprimer et de mettre à la disposition des préfets les nouveaux modèles de carte rose.

Les titulaires de certificats de capacité délivrés antérieurement au 1er juin 1923 auront donc, le cas échéant, une année entière pour se prémunir de tous certificats utiles et se mettre en règle.

Aux termes de l'*article 7,* la transformation en permis de conduire des brevets délivrés à ses conducteurs de véhicules automobiles par l'autorité militaire devra être faite en considération de la capacité spéciale attestée par lesdits brevets et suivant des règles analogues à celles qui présideront, à titre transitoire, à la validation des anciens certificats de capacité civils.

Enfin, l'arrêté, pour régulariser la situation des conducteurs de véhicules automobiles dont la capacité a été réconnue dans les pays de protectorat et dans les colonies françaises où existe une réglementation offrant toutes garanties, admet la validité, sur le territoire métropolitain, des permis délivrés en Tunisie, au Maroc. en Algérie et dans les diverses colonies énumérées à l'article 8. Il va de soi que, si les permis ou certificats de capacité dont il s'agit ne portent aucune indication spéciale d'extension de validité, ils ne seront considérés comme équivalant, en France, qu'à un permis de conduire de la catégorie A, sans mention au verso.

Pour la mise en application des dispositions nouvelles ainsi arrêtées, les préfets devront noter, au fur et à mesure, sur un registre à répertoire, les permis délivrés par eux ainsi que les mentions spéciales d'extensions de validité apposées, par leurs soins, sur des permis antérieurement délivrés par eux ou par leurs collègues; ils conserveront ainsi les nom et adresse du titulaire, et l'indication des numéros d'enregistrement soit du permis, soit des mentions spéciales; ils devront, enfin, porter sur le permis délivré ou validé, à côté de leur signature, le numéro de la case d'enregistrement de l'autorisation accordée. Ces indications seront de nature à faciliter des recherches ultérieures et permettront, le cas échéant, de noter le retrait du permis, à la fois sur le registre, en regard de la case numérotée, et sur le répertoire, en regard du nom du conducteur.

J'adresse copie de la présente instruction aux ingénieurs en chef des divers arrondissements minéralogiques, pour valoir instructions en ce qui les concerne.

Le Ministre des travaux publics,
Yves Le Trocquer.

V. — *Arrêté du 16 mars 1923 portant règlement sur le permis de conduire les véhicules auotomobiles* (Journal officiel *du 17 mars*).

Le Ministre des travaux publics, ·

Vu le décret du 31 décembre 1922 portant règlement général sur la police de la circulation routière, et notamment l'article 29 de ce décret;

Vu l'avis de la commission centrale des automobiles du 23 janvier 1923;

Sur la proposition de l'inspecteur général des ponts et chaussées chargé du service de la voirie routière,

Arrête

Article 1er. Toute personne désirant obtenir le permis de conduire prévu à l'article 29 du décret du 31 décembre 1922, en fait la demande, sur papier timbré, au préfet du département de sa résidence.

Cette demande énonce les nom, prénoms, domicile, lieu et date de naissance du pétitionnaire et précise, le cas échéant, si l'intéressé désire obtenir la faculté de conduire soit des voitures affectées à des transports en commun, soit des véhicules dont le poids en charge dépasse 3.000 kilogrammes, soit des motocycles à deux roues.

A cette demande sont joints par le pétitionnaire :

1° La justification de son état civil et de sa résidence;

2° Une déclaration affirmant qu'il ne se trouve pas privé du droit de conduire par suite d'une décision de retrait d'un permis antérieur;

3° Deux exemplaires de la photographie de son visage, de face ou de trois quarts, à l'état d'épreuves non collées et mesurant environ 4 centimètres de côté;

4° Une quittance délivrée par un percepteur du département et justifiant du payement des droits afférents au permis de conduire.

Article 2. Les candidats au permis de conduire subissent, devant un expert accrédité par le Ministre des travaux publics, une ou plusieurs épreuves directes, permettant d'apprécier leur aptitude à conduire et à manœuvrer les véhicules auxquels s'appliquera le permis.

Ils justifient de la connaissance des règles de la police de la circulation automobile.

Article 3. Lorsque le résultat de ces épreuves est satisfaisant, les préfets délivrent aux candidats admis des permis de conduire qu'ils établissent sur des cartes roses, fournies par l'administration centrale, suivant deux modèles respectivement applicables :

L'*un, à la conduite des automobiles* (modèle A);

L'*autre, à la conduite des motocyclettes à deux roues* (modèle B).

Chaque préfet date et numérote, dans l'ordre de leur délivrance, les permis établis par ses soins et les enregistre avec l'indication de la ou des catégories de véhicules à la conduite desquels ils s'appliquent.

Article 4. Le permis du modèle A, sans mention spéciale au verso, est valable pour la conduite de tout véhicule automobile n'appartenant pas à l'une des trois catégories ci-après :

1° Voitures affectées à des transports en commun de personnes;

2º Voitures dont le poids en charge dépasse 3.000 kilogrammes;

3º Motocyclettes à deux roues avec ou sans side-car.

La validité de ces permis peut, toutefois, être étendue, par mention-spéciale au verso, à une ou plusieurs catégories des véhicules ci-dessus, soit au moment même de sa délivrance, si les épreuves subies par le candidat sur sa demande ont démontré sa capacité à conduire les véhicules desdites catégories, soit, postérieurement, sur une nouvelle demande du titulaire, adressée au préfet de sa résidence et instruite dans la forme prévue aux articles 2 et 3 ci-dessus, après versement des droits exigibles.

Article 5. Le permis du modèle B est valable exclusivement pour la conduite des motocycles à deux roues; il n'est susceptible d'aucune extension de validité et ne peut être utilisé pour la conduite des motocycles pourvus d'un side-car que si le conducteur qui en est titulaire a 18 ans révolus.

Article 6. Le présent arrêté entrera en vigueur le 1er juin 1923. Les certificats de capacité pour la conduite des automobiles, délivrés avant cette date, demeureront valables.

Toutefois, à partir du 1er juin 1924, ils devront, pour être applicables à la conduite des voitures affectées à des transports en commun, des véhicules dont le poids en charge dépasse 3.000 kilogrammes ou des motocycles à deux roues, être revêtus de la ou des mentions spéciales visées à l'article 4 du présent arrêté.

Ces mentions spéciales complémentaires seront apposées sur le certificat de capacité, à la demande de l'intéressé, par le préfet du département de la résidence de celui-ci. Elles le seront sans épreuves nouvelles, lorsque le demandeur justifiera avoir habituellement conduit, pendant plus de six mois, des véhicules appartenant à la ou aux catégories envisagées.

Si cette justification n'est pas produite ou est jugée insuffisante, le demandeur est tenu de subir un nouvel examen, après versement des droits exigibles.

Les certificats de capacité pour la conduite des motocycles délivrés avant la mise en vigueur du présent arrêté restent valables pour la conduite des motocycles à deux roues.

Article 7. Les brevets délivrés par l'autorité militaire aux conducteurs de véhicules automobiles de l'armée et de la marine, peuvent être transformés, sans nouvel examen, en permis de conduire du modèle A (avec ou sans extension de validité), ou du modèle B, d'après les mentions spéciales de capacité que portent lesdits brevets.

Article 8. Sont valables sur tout le territoire français, aux conditions fixées par le présent arrêté, les certificats de capacité et permis de conduire délivrés dans les pays de protectorat et colonies ci-après :

Tunisie;
Maroc;
Algérie;
Indo-Chine;
Etablissements français de l'Inde;
Afrique occidentale française;
Moyen-Congo;
Madagascar;
La Réunion;
Martinique;
Guadeloupe;
Nouvelle-Calédonie,
et Tahiti.

Article 9. Les préfets sont chargés, chacun en ce qui le concerne, de l'exécution du présent arrêté, qui sera publié au *Journal officiel.*

Fait à Paris, le 16 mars 1923.

Yves Le Trocquer.

VI. — *Circulaire du 3 décembre 1924 donnant la définition des automobiles dits de poids lourd.*

(Voir cette circulaire insérée à la suite de l'article 29 du Code de la route.)

ANNEXE 3.

Permis, récépissés et cartes que doivent pouvoir présenter les conducteurs ou propriétaires de véhicules automobiles.

CARTE GRISE.

(Recto.)

Format réel : $0^m,125 \times 0^m,155$

RÉPUBLIQUE FRANÇAISE

MINISTÈRE
DES TRAVAUX PUBLICS

DÉPARTEMENT
d

CIRCULATION DES AUTOMOBILES
(Décret du 31 décembre 1922.)

RÉCÉPISSÉ DE DÉCLARATION

CARTE GRISE.

(*Verso.*)

Format réel : 0^m,125 × 0^m,155.

Le Préfet du département d

Vu le décret du 31 décembre 1922,

Certifie avoir reçu une déclaration en date du
par laquelle M

domicilié à

déclare être propriétaire du véhicule à moteur mécanique
défini comme il suit :

Nom du constructeur :

Indication du type :

Numéro d'ordre dans la série du type :

Genre du véhicule :

Puissance : HP.

Ladite déclaration a été enregistrée à la préfecture sous
le n°

A   , le   192 .

Le Préfet,

Arrondissement minéralogique :

N° *d'immatriculation :*

CARTE ROSE [modèle ancien].
Qui demeure valable pour ses détenteurs actuels.
(Article 6 de l'arrêté du 16 mars 1923.)
(*Recto.*)
Format réel : 0^m,125 × 0^m,155.

NOTA

Les certificats de capacité délivrés par le Préfet d'un département, conformément à l'article 29 du décret du 31 décembre 1922, sont valables pour toute la France.

Ils peuvent être retirés sur l'avis du service des mines, par arrêté préfectoral, le titulaire ou son représentant entendu, après une contravention (art. 29 précité).

MINISTÈRE
DES TRAVAUX PUBLICS   RÉPUBLIQUE FRANÇAISE   DÉPARTEMENT
                                                    d

CIRCULATION DES AUTOMOBILES
(*Décret du 31 décembre 1922.*)

Photographie.

CERTIFICAT DE CAPACITÉ (A)

valable pour la conduite

$d^{(1)}$

(1) Désigner la nature du ou des véhicules auxquels s'applique le certificat.

CARTE ROSE [modèle ancien].

(*Verso.*)

Format réel : 0ᵐ,125 × 0ᵐ,155.

Numéro du certificat (1) :

Le Préfet du département de

Vu le décret du 31 décembre 1922 portant règlement sur l'usage des voies ouvertes à la circulation publique et notamment son article 29,

Vu l'avis favorable du service des mines,

Délivre à M. (2)

né à (3)

domicilié à (4)

un certificat de capacité pour la conduite d (5)

fonctionnant dans les conditions prescrites par le décret susvisé.

A   , le   192 .

Le Préfet,

Signature du titulaire,

(1) Numéro du registre spécial de la Préfecture. — (2) Nom et prénoms. — (3) Lieu et date de naissance. — (4) Indication précise du domicile. — (5) Désignation de la nature du ou des véhicules à la conduite desquels s'applique le certificat de capacité conformément au paragraphe 11 de la circulaire ministérielle du 10 avril 1899.

CARTE ROSE [nouveau modèle]
(Modèle A, teinte rose-vif).
(*Recto.*)
Format réel 0^m,085×0^m,120.

Nº ▨▨▨▨   RÉPUBLIQUE FRANÇAISE   MODÈLE A.

PERMIS DE CONDUIRE LES AUTOMOBILES

Sauf mentions spéciales inscrites au verso, le présent permis **n'est pas valable** pour la conduite des véhicules ci-après : 1°.Voitures affectées à des transports en commun : 2° Véhicules pesant en charge plus de 8.000 kilogr. ; 3° Motocycles à 2 roues.)

Signature du titulaire,   (1) Nom et prénoms.

TITULAIRE : M (1)

Emplacement réservé pour la photographie du titulaire. Le timbre de dimension doit être apposé au *verso*.	demeurant à né le *Délivré par le Préfet d* *Le* 19 .

(*Verso*).

Mentions spéciales d'extension de validité :

Nº ▨ Valable pour la conduite d

Le Préfet du département d
(1)   *Le*   19   (1) Signature du Préfet,

Nº ▨ Valable pour la conduite d

Le Préfet du département d
(1)   *Le*   19

Nº ▨ Valable pour la conduite de

Le Préfet du département d
(1)   *Le*   19

Timbre

de

dimension.

CARTE ROSE [nouveau modèle].

(Modèle B, teinte rose pâle.)

(*Recto.*)

(*Le verso ne porte aucune inscription.*)

Format réel : 0^m.085$\times$0^m,120.)

<table>
<tr><td colspan="2">Nº ▒▒▒▒▒▒   RÉPUBLIQUE FRANÇAISE   Modèle B.</td></tr>
<tr><td colspan="2">PERMIS DE CONDUIRE LES MOTOCYCLES A DEUX ROUES
(Le présent permis ne peut être utilisé pour la conduite des motocycles
pourvus d'un side-car si son titulaire n'a pas 18 ans révolus).
Signature du titulaire :   (1) Noms et prénoms.</td></tr>
<tr><td colspan="2" align="center">TITULAIRE : M (1)</td></tr>
<tr><td>Emplacement réservé
pour
la photographie
du
titulaire.

Le timbre de dimension
doit être
apposé au verso.</td><td>. demeurant à

né le
Délivré par le Préfet d
      Le   19</td></tr>
</table>

CERTIFICAT INTERNATIONAL DE ROUTE.

*Circulaire du Ministre des finances (direction générale
des douanes) pour l'application de la convention
internationale du 11 octobre 1909 réglementant la
circulation des automobiles et dispensant du permis
de conduire ainsi que du récépissé de déclaration
les touristes étrangers porteurs du carnet interna-
tional de route.*

Paris; le 13 juillet 1910.

La circulaire n° 3977 du 10 avril 1910, qui a notifié
le décret du 29 mars précédent, portant promulgation
de la convention internationale du 11 octobre 1909,
relative à la circulation des automobiles, dispose que
les touristes étrangers venant séjourner en France
auront, au passage de la frontière dans l'un ou l'autre
sens, à présenter au service le carnet international
de route (1).

Mais il doit être entendu que cette formalité n'est
obligatoire que pour ceux d'entre eux dont les voi-
tures n'ont pas été immatriculées en France et qui
n'ont pas obtenu des autorités compétentes le permis
de conduire dont doivent être munies les personnes
résidant sur notre territoire.

Les automobilistes étrangers qui, par contre, seraient
en possession de la carte rose (permis de conduire)
et de la carte grise (récépissé de déclaration de la
voiture établissant qu'ils peuvent circuler en France)
ne seraient pas tenus de produire le carnet interna-
tional de route.

Afin qu'il ne s'élève, dans l'objet, aucune difficulté,
je vous prie de vouloir bien appeler, sur la distinction
à faire suivant les circonstances, l'attention du ser-
vice sous vos ordres.

---

(1) Ce carnet comporte un feuillet par pays contractant, imprimé dans la
langue de ce pays. Voir ci-après les feuillets concernant la France, l'Alle-
magne et la Belgique.

CERTIFICAT INTERNATIONAL DE ROUTE.

Tient lieu de carte rose et de carte grise pour les automobilis-
tes étrangers qui en sont pourvus. Si les automobilistes
étrangers ne possèdent pas ce certificat, ils doivent, comme
les Français, pouvoir présenter la carte rose et la carte grise.

Papier blanc, format réel 0",21 $\times$ 0",13.

CIRCULATION DES AUTOMOBILES.

CONVENTION INTERNATIONALE DU 11 OCTOBRE 1909.

CERTIFICAT INTERNATIONAL DE ROUTE

POUR LA CIRCULATION TEMPORAIRE A L'ÉTRANGER.

Ce carnet est valable, dans tous les Etats adhérents *,
pendant un an seulement à dater du jour de sa délivrance.

DELIVRANCE DU CARNET.

Lieu :

Date :

Cachet
de
l'autorité.

(Signature de l'autorité.)

ou

(Signature de l'association habilitée par l'autorité
et visa de celle-ci.)

---

* Ces Etats sont les suivants au 1er mai 1922 : France (Algérie, Tunisie
et Maroc). Allemagne, Autriche, Belgique, Bulgarie, Danemark, Dantzig,
Espagne, Finlande, Grande-Bretagne (Irlande, Malte), Guernesey, Jersey,
Gibraltar, Indes britanniques, Grèce, Hongrie, Italie, Luxembourg,
Monaco, Norvège, Pays-Bas, Pologne, Portugal, Roumanie, Russie,
Suède, Suisse, République Tchéco-Slovaque.

(Page 1 du Certificat international de route.)

RÉPUBLIQUE FRANÇAISE. (ALGÉRIE, TUNISIE ET MAROC.)

INDICATIONS
RELATIVES AU VÉHICULE.

Propriétaire du véhicule.
- Nom.....................
- Prénom................
- Domicile...............

Genre du véhicule (voiture, tricycle, etc.)..

Désignation du constructeur............

Indication du type du châssis............

Numéro d'ordre dans la série du type ou numéro de fabrication du châssis). }

Moteur......
- Nombre de cylindres...
- Puissance du moteur (en chevaux) ou alésage des cylindres........
}

Carrosserie.
- Forme...................
- Couleur................
- Nombre total des places..

Poids du véhicule à vide (en kilogrammes).

Numéro d'immatriculation devant figurer sur les plaques d'identité............}

INDICATIONS RELATIVES
AU CONDUCTEUR OU AUX CONDUCTEURS.

Nom...............
Prénom. ....
Lieu de naissance...
Date de naissance...
Domicile..........

Nom..................
Prénom............
Lieu de naissance...
Date de naissance...
Domicile..........

(Feuillet du Certificat international de route concernant un automobiliste allemand.)

DEUTSCHES REICH.

ANGABEN
ÜBER DAS FAHRZEUG.

Eigentümer des Fahrzeugs
- Name....................
- Vorname................
- Wohnort....... ....

Art des Fahrzeugs (Wagen, Dreirad, usw.).

Bezeichnung des Herstellers ....

Angabe des Typs des Fahrgestells........

Ordnungsnummer in der Typenreihe oder Fabriknummer des Fahrgestells .....

Motor........
- Anzahl der Zylinder .....
- Anzahl der Pferdestärken des Motors oder Bohrung der Zylinder

Aufbauten ...
- Form...... ....
- Farbe........ ....
- Gesamtzahl der Plätze ..

Eigengewicht des Fahrzeugs (in Kilogrammen...........................)

Erkennungsnummer des Kennzeichens..

ANGABEN
ÜBER DEN ODER DIE FÜHRER.

Name..... ....
Vorname ....
Ort der Geburt .....
Tag der Geburt.....
Wohnort..........

Name ....
Vorname...........
Ort der Geburt.....
Tag der Geburt ...
Wohnort...........

DEUTSCHES REICH.

VISA BEIM EINTRITT IN DAS DEUTSCHE REICH.	VISA BEIM AUSTRITT AUS DEM DEUTSCHEN REICHE.
Ort :	Ort :
Tag :	Tag :
D Zoll	D Zoll
Stempel der Zollstelle.	Stempel der Zollstelle.

AUSSCHLUSS EINES FÜHRERS.	ZULASSUNG EINES NEUEN FÜHRERS.

AUSSCHLUSS EINES FÜHRERS.

Dem Herrn
Name und Vorname)
der nach dem Vorstehenden durch
die Behörde von   (Land)
ermächtigt worden ist, ist die
Führung des Kraftfahrzeugs im
Gebiete des Deutschen Reichs
durch
untersagt worden.

Stempel
der
Behörde.

, den
Der (die, das)
(Unterschrift)

ZULASSUNG EINES NEUEN FÜHRERS.

, den
Der (die, das)
(Unterschrift.)

Photographie.

Stempel
der
Behörde.

Name :
Vorname :
Ort der Geburt :
Tag der Geburt :
Wohnort :

*Feuillet du Certificat international de route concernant
un automobiliste belge.)*

ROYAUME DE BELGIQUE. (KONINKRIJK BELGIË.)

INDICATIONS RELATIVES AU VÉHICULE.
(AANWIJZINGEN BETREKKELIJK HET VOERTUIG.)

Propriétaire
du véhicule.   Nom. (Naam.) ....···
(Eigenaar   Prénom. (Voornaam.)....
van het voer-   Domicile (Voonplaats.)...
tuig.)

Genre du véhicule (voiture, tricycle, etc..
   (Soort voertuig [koets, tricycle, enz.].)

Désignation du constructeur. (Aandui-
   ding van den verwaardiger.).........

Indication du type du châssis. (Aanw j-
   zing van het raamtype.)............

Numéro d'ordre dans la série du type
   ou numéro de fabrication du châssis.
   (Volgnummer in de reeks van hetzelfde
   type of vervaardigingsnummer van het
   raamm.).....................

Moteur.   Nombre de cylindres.
(Motor.).....   (Getal cylinders.).....
   Puissance du moteur (en
   chevaux) ou alésage
   des cylindres. (Kracht
   van den motor [paar-
   dekracht] of binnendia-
   meter der cylinders.).

Carrosserie.   Forme. (Vorm)..........
(Koets.)......   Couleur. (Kleur.)........
   Nombre total de places.
   (Getal plaatsen in 't
   geheel.) ....

Poids du véhicule à vide (en kilogram-
   mes). (Gewicht van het voertuig als 't
   leeg is [in kilogrammen].)...........

Numéro d'immatriculation devant figurer
   sur les plaques d'identité. (Inschrij-
   vingsnummer dat op de identiteits-
   platen moet staan.)...............

INDICATIONS RELATIVES AU CONDUCTEUR OU AUX CONDUCTEURS.
(AANWIJZINGEN BETREKKELIJK DEN GELEIDER OF DE GELEIDERS.

Nom. (Naam.)........................
Prénom. (Voornaam.)..................
Lieu de naissance. (Geboorteplaats.).....
Date de naissance. (Datum der geboorte.).
Domicile. (Woonplaats.)................

Nom. (Naam.)........................
Prénom. (Voornaam.)..................
Lieu de naissance (Geboorteplaats.).....
Date de naissance. (Datum der geboorte.).
Domicile. (Woonplaats.)................

ROYAUME DE BELGIQUE. (KONINKRIJK BELGIE.)

VISA DE L'ENTRÉE EN BELGIQUE. (VISA VAN HET BINNENRIJDEN IN BELGIE.)	VISA DE LA SORTIE DE BELGIQUE. (VISA VAN HET UITRIJDEN UIT BELGIE.)
Lieu : (Plaats :)	Lieu : (Plaats :)
Date : (Datum :)	Date : (Datum :)
Le *des Douanes,*	*Le* *des Douanes.*
(De *der Douanen,)*	*(De* *der Douanen,)*
Cachet de la Douane. (Stempel van het Tolkantoor.)	Cachet de la Douane. (Stempel van het Tolkantoor.)

EXCLUSION D'UN CONDUCTEUR. (UITSLUITING VAN EEN GELEIDER.)

Le sieur (De heer)
(Noms et prénoms) (Name en voornaam)

autorisé ci-dessus par l'autorité d
(hierboven gemachtigd door de
overheid van)
(pays) (land)
est *exclu* de la faculté de conduire
l'automobile sur le territoire belge
en vertu de (wordt van de toelating
beroofd om het automobiel te lei-
den op het grondgebied van Bel-
gië, krachtens)

Cachet
de l'autorité
(Stempel
der
overheid.)

A (Te   , le (den)
    Le (De)
    Signature. (Handteekening.)

ADMISSION D'UN NOUVEAU CONDUCTEUR. (AANNEMING VAN EEN NIEUWEN GELEIDER.)

A (Te)   , le (den)

Signature. (Handteekening.)

Photographie.

Cachet
de l'autorité
(Stempel
der
overheid.)

Nom : (Naam :)
Prénom : (Voornaam :)
Lieu de naissance : (Geboorte-
plaats :)
Date de naissance : (Datum der
geboorte :)
Domicile : (Woonplaats :)

Dernier feuillet du Certificat international de route fixé à un feuillet blanc ployé en accordéon de telle sorte qu'il peut dépasser entièrement la tranche du carnet constituant le permis international.

Photographie.

Cachet
de
l'autorité.

Photographie.

Cachet
de
l'autorité.

CARTE WW (1).

(Recto de la couverture.)

(Couleur grise, de la même teinte que celle de la carte grise.)
[Cette carte forme carnet de 24 pages (dites cases), elle dis·
pense de la carte grise.]

(Format réel 0m,120×0m,155.)

RÉPUBLIQUE FRANÇAISE

MINISTÈRE   DÉPARTEMENT

DES TRAVAUX PUBLICS   d

CIRCULATION DES AUTOMOBILES

(Décret du 31 décembre 1922.)

RÉCÉPISSÉ DE DÉCLARATION

Année 19 . .

CARTE WW

Valable entre les mains de l'attributaire temporaire pour
la durée de 10 jours et le parcours désigné d'autre part.

A restituer à la douane française à la sortie
du territoire de la République.

CARTE W W

[Verso de la couverture (teinte grise).]

Le Préfet du département d

Vu le décret du 31 décembre 1922 :

Vu la circulaire ministérielle du 9 septembre 1921, série B, n° 62 :

CERTIFIE avoir reçu une déclaration en date du

par laquelle M.

négociant en automobiles à

rue   , n°

en sollicitant la délivrance d'une carte W W pour l'acheminement jusqu'à la frontière française de véhicules vendus à exporter, s'engage à utiliser exclusivement pour cet usage le n° d'immatriculation qui lui sera délivré.

Ladite déclaration a été enregistrée à la préfecture sous le n°

A   , le   19 .

Le Préfet,

Arrondissement minéralogique

de

Numéro d'immatriculation :

W W

Cachet
de la
Préfecture.

Page 1 de la CARTE WW.

(Il y a 24 pages ou cases semblables.)

(*Papier blanc.*)

Format réel : 0^m,120 × 0^m,155.

ANNÉE 192 .

Case n° **11.**

(1) 10 jours.
(2) Département où a eu lieu la délivrance.
(3) Poste-frontière ou port d'embarquement.

CARTE   WW

Cachet de la Préfecture

Attribuée temporairement à M.

pour l'exportation du véhicule à moteur mécanique défini comme suit :

Nom du constructeur :

Indication du type :

Numéro d'ordre dans la série du type :

Durée de validité (1) :   du

au

Valable seulement dans le département d(2)

et pour se rendre de ce département à (3)

Signature de l'attributaire :

Signature datée du négociant titulaire de la carte et cachet de sa maison,	La présente carte a été remise par l'attributaire à la douane de
A , le 192 .	le 192 . *Visa de la douane,*

3ᵉ page de la couverture de la CARTE WW.
(*Couleur grise.*)

Instructions pour le négociant en automobiles
qui attribuera la présente carte.

I. — Les carnets de cartes WW sont délivrés aux négociants en automobiles, sur leur demande motivée, par le préfet du département où se trouve leur établissement.

II. — Chaque carte n'est utilisable que pendant l'année pour laquelle elle a été délivrée. Elle doit, à l'expiration de cette année, être envoyée au préfet. Les carnets détruits ou perdus ne sont pas remplacés au cours de l'année.

III. — L'usage des cartes WW est exclusivement réservé aux clients qui désirent emmener leur véhicule par route, soit jusqu'à la frontière ou au port d'embarquement, soit jusqu'au lieu de leur résidence.

IV. — A l'égard des voitures exportées par des acheteurs étrangers, la durée de validité de chaque carte est fixée à dix jours au maximum.

En ce qui concerne les automobiles emmenées par leurs acquéreurs à l'intérieur du territoire, la durée de validité doit être fixée dans chaque cas particulier, suivant la distance qui existe entre le domicile du vendeur et celui de l'acheteur.

Dans tous les cas, le commencement et la fin du délai sont inscrits sur la carte WW avec l'indication du parcours autorisé. S'ils constatent des exagérations dans l'une ou l'autre de ces mentions, les receveurs buralistes sont invités à signaler aux attributaires temporaires qu'il ne sera pas tenu compte des parcours ou délais excessifs pour l'établissement du permis de circulation. En pareil cas, sera seul valable le délai inscrit sur le permis de circulation.

V. — Le véhicule circulant avec une carte WW doit être muni de deux plaques d'identité de dimensions réglementaires reproduisant en chiffres et lettres blancs sur fond noir le matricule de la carte.

VI. — Le négociant qui attribue des cartes WW doit inscrire sur le talon de la carte détachée du présent carnet au moment où il la délivre, comme sur la carte elle-même, le matricule de la carte attribuée, le nom de l'attributaire; le parcours et la période pour lesquels la carte est attribuée; la désignation du véhicule mis en circulation (constructeur, type, numéro d'ordre dans la série du type, genre et puissance).

La carte et son talon doivent porter la signature du négociant et la date de l'attribution temporaire.

VII. — L'usage des cartes WW ne dispense pas le négociant vendeur pour être exonéré de l'impôt sur le chiffre d'affaires relativement aux voitures exportées, de l'accomplissement des formalités prévues par l'arrêté du Ministre des finances du 28 août 1920.

4e page de la couverture de la CARTE WW.

(Couleur grise.)

Instructions pour l'attributaire temporaire.

1. — L'usage de la présente carte n'est autorisé que pour le parcours et la période indiquée ci-contre.

2. — Il ne dispense l'attributaire temporaire d'aucune des formalités à remplir en douane à sa sortie de France, conformément aux règlements en vigueur, ni du permis de circulation institué par l'article 99 de la loi du 25 juin 1920.

3. — La présente carte doit être remise à la douane française à la sortie du territoire de la République si le véhicule est exporté et au bureau des contributions indirectes si le véhicule est conduit à la résidence de l'acheteur.

Instructions pour les autorités de police.

La carte WW dispense son attributaire de la carte grise.

Elle ne dispense pas le conducteur du véhicule, du permis de conduire (carte rose, ou, à défaut, certificat international de route), ni du permis de circulation institué par la loi du 25 juin 1920.

Le véhicule circulant avec une carte WW doit être muni des deux plaques d'identité réglementaires reproduisant, en chiffres et lettres blancs sur fond noir, le matricule de la carte.

Instructions pour le service de la douane.

1. — Le poste douanier par lequel le véhicule sort de France doit en vérifier l'identité (constructeur, type et numéro d'ordre inscrit sur le moteur).

2. — Il doit se faire remettre la présente carte.

3. — Il annule de deux traits en croix la case utilisée par l'attributaire actuel. Il y inscrit la date de sortie et y appose son visa.

4. — Il retourne sans délai la carte au négociant en automobiles titulaire, par pli postal recommandé, sous la réserve du payement préalable des frais d'envoi par l'attributaire ou son représentant.

LE TRIPTYQUE.

Le triptyque est une pièce délivrée par les grandes associations touristiques (l'Automobile-Club et le Touring-Club de France et, dans les départements, les clubs automobiles). Il sert à éviter aux automobilistes un dépôt de fonds aux bureaux des douanes-frontières. Les droits à consigner sont calculés sur la valeur du véhicule et son poids.

La validité d'un triptyque, comme celle d'un passeport, est de un an à dater du jour de sa délivrance, sauf pour la Belgique, où il n'est valable que jusqu'au 31 décembre de l'année en cours.

Format réel : 115$^{m}_{m}$ × 160$^{m}_{m}$. Papier bulle très fort.

Recto
—

DÉPARTEMENT   DIRECTION

CONTRIBUTIONS INDIRECTES.

d   d

PERMIS DE CIRCULATION N°............ .
———

SIGNALEMENT DU VÉHICULE.
—
Numéro d'immatriculation :
Nom du constructeur :
Indication du type :
Numéro d'ordre dans la série du type :

Laissez-passer l'automobile dont le signalement est donné ci-contre, genre
places d'une force de   HP qui a fait l'objet
le   d'un récépissé de déclaration
de la préfecture de
appartenant à M
profession d
demeurant à
rue   , n°   .
Le présent permis est valable pour
. Il devra être remplacé en cas de changement de domicile ou de modification survenue dans les éléments servant à l'assiette des droits. Il sera considéré comme nul si les taxes afférentes à chaque période de mise en circulation ne sont pas acquittées.

Délivré à   le   19   .

Le Receveur buraliste,

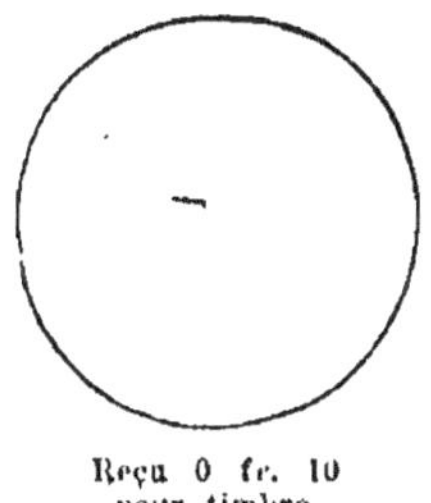

Reçu 0 fr. 10
pour timbre.

CADRE A REMPLIR PAR LE RECEVEUR	
LORS DU PREMIER PAYEMENT DES DROITS.	
Tarif appliqué :	Droits trimestriels ......
	Timbre de quittance.... 0 10
	TOTAL...... ...

Verso

EXTRAIT DE LA LOI DU 25 JUIN 1920.

Art. 99. Tout propriétaire de voiture automobile servant au transport des personnes ou des marchandises devra, pour chaque voiture mise en circulation, être muni d'un permis dont la délivrance sera effectuée à la recette buraliste de la résidence par les soins de l'Administration des Contributions indirectes sur la déclaration de l'intéressé et la représentation du récépissé remis par la Préfecture.

Art. 100. Les canots automobiles de plaisance sont frappés des mêmes droits de circulation que les voitures automobiles et soumis aux mêmes formalités.

Art. 102. Les agents des Contributions indirectes et des octrois et tous autres agents ayant qualité pour dresser des procès-verbaux en matière de roulage constateront les contraventions. Les conducteurs de voitures automobiles devront leur représenter à toute réquisition le permis de circulation sur la voie publique, dans les établissements ouverts au public et en tous lieux où ces agents ont accès. Les contraventions constatées et poursuivies comme en matière de Contributions indirectes seront punies d'une amende de 50 à 200 francs en principal, indépendamment de la confiscation et du quintuple des droits fraudés ou compromis.

Nota. — Les contribuables ont la faculté de faire limiter la durée de validité des permis au nombre des périodes trimestrielles pendant lesquelles ils désirent utiliser leurs véhicules. A défaut de limitation ils doivent rapporter les permis à la recette buraliste dès le premier jour du trimestre pendant lequel le véhicule est immobilisé. A défaut de l'accomplissement de cette formalité, l'impôt serait exigé.

Le non-payement de l'impôt pour la période en cours constitue une contravention (art. 101 de la loi du 25 juin 1920).

RÉPUBLIQUE FRANÇAISE.

MINISTÈRE
DES FINANCES.

CONTRIBUTIONS
INDIRECTES.

IMPOT SUR LES AUTOMOBILES.

(Lois des 25 juin et 31 juillet 1920.)

PERMIS DE CIRCULATION.

PERMIS GRATUIT

délivré aux voitures destinées à la vente et réservé aux véhicules
pourvus de cartes W. (Voir instruction relative aux cartes W.)

Format réel : 0m,20 × 0m,15.

DÉPARTEMENT
DE L'OISE.

DIRECTION
de Beauvais.

Recette particulière
de Beauvais.

N°
au registre 23 *c.*

Signalement
de l'automobile.

Genre torpédo.
Nombre de places : .6
Force en HP. : 30.
Type :

CONTRIBUTIONS INDIRECTES.

VOITURE AUTOMOBILE
affectée au transport des

LAISSEZ-PASSER une voiture automo-
bile, genre torpédo, à 6 places, d'une force
de 30 HP, ayant fait l'objet à la date du
d'un récépissé de déclaration de la préfec-
ture de Beauvais présentant les indications sui-
vantes :

Permis provisoire délivré à M.

pour conduire cette voiture à domicile le
chez M
à

**Le présent permis de circulation cesse
d'être valable le**

Valable pour la journée du 20 mars 1922 seu-
lement.

Rapporter le présent au bureau.

Délivré au bureau de Beauvais, le 20 mars 1922.

Le Receveur,

Timbre.

Reçu 0 fr. 10 pour timbre.

ANNEXE 4.

Circulaire relative à l'usage de carnets de cartes W. W.

Paris, le 10 juillet 1923.

Le Ministre des travaux publics à MM. les Préfets.

(Extrait.)

Les cartes W. W., dont l'institution et l'emploi ont fait l'objet de ma circulaire du 15 décembre 1921 (1), ont été jusqu'ici destinées à couvrir la circulation, entre le lieu de vente et la frontière, des voitures automobiles de fabrication française qui, devant être immédiatement exportées, n'ont pas à être immatriculées définitivement en France.

D'accord avec M. le Ministre des finances, j'ai décidé, pour favoriser le commerce des voitures automobiles en France, d'étendre le régime des cartes W. W. aux véhicules que les acheteurs désirent conduire, par la route, du lieu de vente dans le département de leur résidence, où ils les feront ensuite régulièrement immatriculer en accomplissant les formalités prévues par l'article 28 du décret du 31 décembre 1922 (Code de la route).

La carte W. W. a été transformée à cet effet en un *carnet à souche* de récépissés de déclaration de mise en circulation provisoire de véhicules automobiles.

Les carnets seront délivrés par vos soins, sur avis de l'ingénieur en chef des mines, aux industriels et négociants effectuant la vente des véhicules automobiles de toutes catégories, suivant l'importance et les besoins de leur commerce.

Les négociants, titulaires des carnets, délivreront, sous leur responsabilité, à leurs acheteurs, les cartes W. W. qu'ils détacheront, dans chaque cas, de la souche, après avoir rempli les blancs de la carte et de la souche et revêtu de leur signature ces deux pièces, datées du jour de la délivrance.

Un carnet comportant l'attribution au négociant qui en sera titulaire d'une dizaine de numéros se suivant sans interruption et tirés de la série W. W. de l'arrondissement minéralogique dans lequel est compris votre département. Chaque carte W. W. portera donc un numéro spécial que vous aurez soin d'inscrire sur chacun des feuillets, numérotés de 1 à 10, qui forment

---

(1) Voir ci-après.

le carnet. Ces feuillets, soumis au droit de timbre de dimension, porteront *tous* le cachet de votre préfecture et l'indication de l'année pendant laquelle seulement ils pourront être utilisés.

. . . .
. . . .

L'usage des cartes W. W. est réglementé par les instructions qui figurent, soit sur les deux pages intérieures de la couverture du carnet, soit au dos des cartes elles-mêmes, savoir :

INSTRUCTIONS POUR LE NÉGOCIANT EN AUTOMOBILES TITULAIRE DU CARNET.

I. — Les carnets de carte W. W. sont délivrés aux négociants en automobiles, sur leur demande motivée, par le préfet du département où se trouve leur établissement.

II. — Chaque carnet n'est utilisable que pendant l'année pour laquelle il a été délivré. Il doit, à l'expiration de cette année, être renvoyé au préfet. Les carnets détruits ou perdus ne sont pas remplacés au cours de l'année.

III. — L'usage des cartes W. W. est exclusivement réservé aux clients qui désirent emmener leur véhicule par route, soit jusqu'à la frontière, ou au port d'embarquement, soit jusqu'au lieu de leur résidence.

IV. — A l'égard des voitures exportées par des acheteurs étrangers, la durée de validité de chaque carte est fixée à dix jours au maximum.

En ce qui concerne les automobiles emmenées par leurs acquéreurs à l'intérieur du teritoire, la durée de validité doit être fixée dans chaque cas particulier, suivant la distance qui existe entre le domicile du vendeur et celui de l'acheteur.

Dans tous les cas, le commencement et la fin du délai sont inscrits sur la carte W. W. avec l'indication du parcours autorisé. S'ils constatent des exagérations dans l'une ou l'autre de ces mentions, les receveurs buralistes sont invités à signaler aux attributaires temporaires qu'il ne sera pas tenu compte des parcours ou délais excessifs pour l'établissement du permis de circulation. En pareil cas, sera seul valable le délai inscrit sur le permis de circulation.

V. — Le véhicule circulant avec une carte W. W. doit être muni de deux plaques d'identité de dimensions réglementaires reproduisant en chiffres et lettres blancs sur fond noir, le matricule de la carte.

VI. — Le négociant qui attribue une carte W. W. doit, au moment où il la délivre, inscrire sur le talon de la carte détachée du présent carnet, comme sur cette carte elle-même, le matricule de la carte attribuée, le nom de l'attributaire, le parcours et la période pour lesquels la carte est attribuée, la désignation du véhicule mis en circulation (constructeur, type, numéro d'ordre dans la série du type, genre et puissance). La carte et son talon doivent porter la signature du négociant et la date de l'attribution temporaire.

. . . .

INSTRUCTIONS POUR L'ATTRIBUTION TEMPORAIRE.

I. — L'usage de la présente carte n'est autorisé que pour le parcours et pour la période indiqués ci-contre.

II. — Il ne dispense l'attributaire temporaire ni des formalités à remplir en douane à sa sortie de France, conformément aux règlements en vigueur, ni du permis de circulation institué par l'article 99 de la loi du 25 juin 1920.

III. — La présente carte doit être remise à la douane française à la sortie du territoire de la République, si le véhicule est exporté, et au bureau des contributions indirectes, si le véhicule est conduit à la résidence de l'acheteur.

INSTRUCTIONS POUR LES AUTORITÉS DE POLICE.

La carte W. W. dispense son attributaire de la **carte grise.**

Elle ne dispense pas le conducteur du véhicule du permis de conduire (carte rose, ou, à défaut, certificat international de route), ni du permis de circulation institué par l'article 99 de la loi du 25 juin 1920.

Le véhicule circulant avec une carte W. W. doit être muni de deux plaques d'identité réglementaires reproduisant, en chiffres et lettres blancs sur fond noir, le matricule de la carte.

. . . .

Yves Le Trocquer.

———

Réglementation de la délivrance et de l'usage des
cartes grises et numéros d'immatriculation des
séries **W**, spécialement affectés aux automobiles
à vendre.

Paris, le 15 décembre 1921.

Le Ministre,
     à Monsieur le Préfet d

Diverses circulaires de mes prédécesseurs en date
des 1er avril 1909, 15 novembre 1912 et 15 novembre
1913, modifiées en dernier lieu par les instructions
ministérielles du 28 octobre 1919, ont déterminé les
conditions spéciales dans lesquelles les constructeurs,
réparateurs ou commerçants en automobiles peuvent
être admis à faire circuler sur la voie publique les
voitures automobiles *« à vendre »*, après avoir obtenu
des cartes grises (récépissés de déclaration de mise
en circulation) et des numéros d'immatriculation pro-
visoire tirés des séries W.

A la fois pour mettre fin aux contestations et aux
fraudes fiscales auxquelles ce régime a donné lieu
dans son application, et pour adapter la réglementa-
tion des cartes W aux dispositions de la loi du 25 juin
1920 et du décret du 27 mai 1921, j'ai décidé, d'accord
avec M. le Ministre des finances et d'après les propo-
sitions de la Commission centrale des automobiles,
d'abroger la partie de la circulaire du 1er avril 1909,
concernant l'immatriculation des automobiles à ven-
dre, ainsi que les circulaires des 15 novembre 1912,
15 novembre 1913 et 28 octobre 1919, et de remplacer
ces instructions par les dispositions ci-après, que je
vous prie de considérer comme applicables à dater du
1er janvier 1922.

I. — Principe et définition des cartes et numéros des séries W.

Les cartes et numéros des séries W peuvent être
attribués aux maisons qui, par la production soit
d'un extrait nominatif du rôle de l'impôt cédulaire sur
les bénéfices industriels ou commerciaux, soit d'un
certificat d'inscription au registre du commerce ins-

titué par la loi du 18 mars 1919, justifient qu'elles construisent, réparent ou font le commerce des automobiles; ces cartes et numéros permettent de faire circuler momentanément des voitures automobiles *exclusivement destinées à la vente*, et qui, comme telles, n'ont pas pu, d'une part, faire l'objet d'une déclaration spéciale de mise en circulation et sont, d'autre part, exemptées de l'impôt.

Les cartes délivrées par les préfets, sont des cartes grises ordinaires (récépissés de déclaration de mise en circulation) sur lesquelles les indications relatives au type et à la série du type du véhicule sont remplacées par la mention « Véhicule à vendre », ce qui permet de faire circuler sur la voie publique, sous le couvert de ces cartes, tout véhicule « à vendre » de type quelconque, pourvu que le véhicule ou le type de ce véhicule ait été reçu par le Service des mines dans les conditions prévues par l'article 6 du décret du 27 mai 1921.

Les numéros d'immatriculation provisoire, attribué par le Service des mines et inscrit sur chaque carte grise est destiné à figurer sur les plaques d'identité amovibles, dont le véhicule doit être pourvu, conformément aux prescriptions de l'article 2 de l'arrêté du 6 mars 1909 et de l'article 27, du décret du 27 mai 1921 (1). Ce numéro est extrait de séries spéciales, désignées par la lettre·W, commune à tous les arrondissements minéralogiques, mais qu'accompagne toujours un indice caractéristique de l'arrondissement dans lequel a lieu l'immatriculation, conformément au tableau ci-après :

N°°	*Arrondissement minéralogique.*
W-1.	Paris (1" arrondissement).
W-2.	Arras.
W-3.	Bordeaux.
W-4.	Lyon.
W-6.	Clermont-Ferrand.
W-7.	Douai.
W-8	Nantes.
W-9.	Marseille.
W-10.	Nancy.
W-12.	Paris (2' arondissement).
W-13.	Saint-Etienne.
W-14.	Toulouse.
W-15.	Alais.

(1) Devenu le décret du 31 décembre 1922.

II. — Délivrance des cartes et numéros des séries W.

Les constructeurs, réparateurs ou commerçants en automobiles, qui désirent obtenir des numéros W doivent, à cet effet, adresser au préfet une demande établie sur une formule imprimée mise à leur disposition par la préfecture, assujettie au timbre de dimension, conformément aux prescriptions de l'article 12 de la loi du 13 brumaire an VII, et libellée comme suit :

Demande de délivrance de cartes W pour la mise en circulation des voitures automobiles destinées à la vente.

Nous soussignés (1)
avons l'honneur de solliciter de M. le Préfet du département
d   la délivrance de   cartes W
pour véhicules automobiles à vendre.

Nous déclarons expressément que ce nombre de cartes W nous est absolument indispensable pour les besoins de notre (2) et qu'il est justifié pour les motifs suivants (3) :

Nous nous engageons à nous conformer aux prescriptions des règlements et instructions ministérielles relatifs à l'usage des cartes W, dont l'extrait, qui nous a été remis à la réception de la présente demande, sera porté à la connaissance de nos agents, ouvriers et employés et conservé dans nos archives.

Nous nous engageons, en outre, à tenir un registre journal où nous inscrirons, chaque jour, pour chacun des véhicules mis en circulation avec des cartes W, la désignation précise du véhicule (type et numéro d'ordre dans la série du type), le numéro W dont il sera muni, le nom du conducteur auquel il sera confié, et les motifs de la mise en route. Nous déclarons, du reste, avoir été prévenus que toute omission ou fausse inscription sur ce registre nous exposerait non seulement à un retrait de carte, mais à des poursuites pour contravention aux règlements.

A   , le   (4).

Saisi de cette demande, datée et signée, le préfet se fait présenter les pièces justificatives de la situation

---

(1) Constructeurs d'automobiles, réparateurs d'automobiles ou commerçants en automobiles.
(2) Usine, atelier ou commerce.
(3) Détails sur la nature et l'importance des opérations effectuées par le demandeur.
(4) Signature du demandeur.

industrielle ou commerciale de l'intéressé, remet à celui-ci un imprimé portant extrait des règles prescrites pour l'emploi des cartes W, et inscrit sur la demande la mention, timbrée et signée.

« Vu l'extrait nominatif du rôle de l'impôt cédulaire sur les bénéfices industriels ou commerciaux (ou le certificat d'inscription au registre du commerce institué par la loi du 18 mars 1919), présenté à l'appui de la présente demande de M..... »

La requête est alors transmise par le préfet, pour avis, au Service des mines.

Ce service se trouve ainsi avisé de la régularité du motif de la demande et possède des éléments certains d'appréciation du nombre de cartes W, dont il pourra proposer l'attribution. Ce nombre doit être strictement proportionné aux nécessités reconnues du commerce du demandeur.

Les cartes W, accordées par le préfet, sur la proposition du Service des mines, portent l'indication de leur délivrance. Elles ne sont valables que pour ladite année.

Elles peuvent être renouvelées, au début de chacune des années suivantes, sur la demande des intéressés qui doivent restituer les cartes périmées. Pour tenir compte des délais nécessaires à ce remplacement, l'emploi des cartes périmées peut être toléré, jusqu'à ce qu'il ait été statué sur leur renouvellement, pourvu que celui-ci ait été demandé avant l'expiration de leur validité.

III. — Règles a observer pour l'usage des numéros et cartes grises des séries W.

La mise en circulation d'automobiles sous le couvert de cartes et plaques portant des numéros des séries W est légitime pour tout véhicule exclusivement destiné à la vente; elle est illicite pour tout autre, et les abus commis à cet égard constitueraient à la fois des contraventions aux règlement sur la circulation des automobiles et des fraudes fiscales.

Doivent être considérés comme exclusivement destinés à la vente et légitimant par suite l'emploi de cartes et numéros des séries W :

1° Les automobiles à vendre, neuves ou d'occasion,

carrossées ou non, lestées ou non (1), en étude ou en essais sur la voie publique en vertu de leur mise au point après construction, modification ou réparation. Les véhicules ainsi essayés ne doivent transporter que le personnel employé aux études et aux essais.

2° Les automobiles à vendre, neuves ou d'occasion, carrossées ou non, lestées ou non (1), utilisées par les vendeurs pour la présentation aux clients, la démonstration à ceux-ci des qualités et du mode de fonctionnement, l'essai de leur conduite par le client. Les véhicules circulant ainsi doivent être obligatoirement accompagnés d'un employé du vendeur.

Il n'y a donc plus lieu de faire la distinction établie entre les voitures « en essai », « d'études » et de « démonstration » par la circulaire du 1er avril 1909, qui limitait aux voitures « en essai » le bénéfice des cartes W.

Est interdit l'emploi de cartes et numéros des séries W, pour la mise en circulation sur la voie publique d'automobiles servant, lors de cette circulation, au transport et aux besoins personnels du commerçant possesseur, de sa famille ou de ses invités, ou de ses employés, des familles ou invités de ces derniers, ainsi que pour la mise en circulation d'automobiles en location ou affectées à des transports à prix d'argent.

Si le commerçant désire pouvoir utiliser, pour les transports et déplacements nécessités par ses affaires ou ses besoins personnels, ou les affaires ou besoins personnels de ses employés, une ou plusieurs des voitures à vendre qu'il possède, il doit soumettre les véhicules ainsi choisis à la déclaration et à l'immatriculation individuelle de droit commun; ces véhicules cessent, en effet, par là même, d'être *exclusivement* destinés à la vente et sont, par suite, assujettis à l'impôt (2). Aux termes de la loi du 25 juin 1920, aucune automobile, qu'elle soit destinée au transport des personnes ou à celui des marchandises, ne peut être mise en circulation sans que son possesseur soit muni d'un *permis de circulation*, dont il demande la délivrance

---

(1) On ne saurait, sous couvert de « lest », admettre la possibilité d'un transport effectif de marchandises.

(2) Demi-taxe seulement en vertu de l'article 100, paragraphe 3, de la loi du 25 juin 1920, si l'automobile est habituellement employée pour l'exercice d'une profession patentée.

à la recette buraliste de son domicile, contre représentation du récépissé de déclaration (carte grise), remis par la préfecture. Ce permis, obligatoire pour les camions comme pour les voitures à voyageurs, doit être représenté, en cours de route, à toute réquisition des autorités compétentes; il donne ouverture à l'exigibilité de droits qui doivent être acquittés par trimestre ou par année et d'avance. Aucune exception n'est prévue.

Toutefois, l'Administration des finances a estimé que les exonérations précédemment accordées aux voitures destinées à la vente pourraient être maintenues; mais elle exige que les véhicules de cette catégorie, y compris les camions, soient, lorsqu'ils sont mis en circulation, accompagnés d'un permis délivré moyennant le simple payement du droit de timbre (0 fr. 10).

Ces permis gratuits sont réservés aux véhicules pourvus de cartes des séries W et des plaques d'identité correspondantes, instituées par l'arrêté ministériel du 6 mai 1909, article 2. Ils sont délivrés aux commerçants ou industriels en nombre égal à celui des cartes W, et doivent être renouvelés dans les mêmes conditions.

Si donc, au point de vue fiscal, les automobiles munies de numéros W ne peuvent être mises en route qu'accompagnées du « permis de circulation », je rappelle qu'au point de vue de la police générale de la circulation, elles sont soumises aux règles posées par le décret du 31 décembre 1922 et doivent, notamment, être pourvues de toutes les plaques prévues par les articles 5 et 27 de ce règlement, de même qu'aux termes de l'article 30 du décret susvisé, leur conducteur est tenu de présenter à toute réquisition son certificat de capacité (carte rose) et le récépissé de déclaration. (carte grise W).

Enfin, pour éviter les abus et permettre un contrôle efficace, les commerçants détenteurs de carte W doivent prendre, dans leur demande, l'engagement de tenir un registre-journal, où ils inscriront, chaque jour, pour chacun des véhicules mis en circulation avec ces cartes, la désignation précise du véhicule (type et numéro d'ordre dans la série du type), le numéro W dont il sera muni, le nom du constructeur auquel il sera confié, ainsi que les motifs de la mise en route. Toute omission ou fausse inscription sur ce registre suffira pour justifier le retrait de la carte W, indépendamment des poursuites auxquelles s'exposerait son titulaire.

IV. — Dérogations temporaires pour certains transports urgents de marchandises.

Par dérogation *temporaire* aux dispositions qui précèdent, en ce qui concerne exclusivement les camions automobiles, à raison de l'utilité qui, dans les circonstances actuelles, peut occasionnellement s'attacher, dans l'intérêt général, à utiliser certains déplacements de ces véhicules pour assurer des transports, les camions à vendre pourront, exceptionnellement, être autorisés à circuler avec ou sans numéro W pour transporter des chargements utiles au cours d'une sortie déterminée.

Le commerçant propriétaire qui désire faire usage de cette faculté, en adresse préalablement la déclaration au préfet. Cette déclaration fait connaître la date prévue pour le déplacement, la désignation de chacun des camions (type et numéro d'ordre dans la série du type), qu'il destine à transporter des chargements utiles, la nature de ces chargements, ainsi que le motif urgent légitimant la dérogation, l'itinéraire aller et retour de chaque véhicule, le ou les numéros des cartes W utilisées pour ceux d'entre eux qui en seront pourvus.

Toutefois, dans les cas de l'espèce, la franchise de l'impôt n'est pas accordée. Les commerçants auront donc à se munir à la recette buraliste de permis de circulation entraînant le payement des droits pour le trimestre en cours; mais, contrairement à la règle générale qui exige, pour la délivrance des permis, la représentation de la carte grise, il leur suffira de remettre, dans ces circonstances, au receveur buraliste, copie de la déclaration adressée au préfet.

V. — Sanctions.

Les constructeurs et commerçants en automobiles qui viendraient à enfreindre les règles ci-dessus sont passibles de contraventions. Les préfets rappelleront, à cet effet, aux officiers de police judiciaire la nécessité de relever rigoureusement tout abus dans l'emploi des cartes W, et, pour leur faciliter cette tâche, leur remettront un nombre suffisant d'exemplaires de l'imprimé susvisé portant extrait des règles prescrites pour l'emploi desdites cartes.

En dehors des conséquences pénales pouvant résul-

ter des contraventions de police relevées, les contre-
venants sont passibles, au point de vue fiscal, d'une
amende de 50 à 200 francs en principal, indépendam-
ment de la confiscation des véhicules et du quintuple
des droits fraudés ou compromis.

Les officiers de police judiciaire sont habilités par
la nouvelle loi à relever les contraventions fiscales :
leurs procès-verbaux devront, par conséquent, en
cas d'emploi abusif des cartes W et des permis gra-
tuits, être établis en double expédition, dont l'une
sera transmise, après enregistrement, au Directeur
des contributions indirectes du département.

En outre, les cartes W, dont l'emploi abusif aura
donné lieu à une contravention dans l'année, ne se-
ront pas renouvelées au début de l'année suivante.
Le nombre des cartes attribuées aux délinquants
pourra être même réduit dans une proportion plus
forte, et la délivrance de toute carte pourra être refu-
sée en cas de contraventions fréquentes. En vue de
faciliter cette santion d'ordre administratif, le préfet
communiquera au Service des mines, au début de cha-
que année, la liste complète des contraventions pour
l'emploi irrégulier des cartes W constatées au cours
de l'année précédente dans le département. Si certai-
nes des cartes ayant donné lieu à cette constatation,
appartiennent à un autre arrondissement minéralogi-
que, l'ingénieur en chef des mines transmettra l'avis
les concernant à son collègue de l'arrondissement mi-
néralogique intéressé.

Il importe d'appliquer la nouvelle réglementation
qui précède dès le 1er janvier 1922, date qui corres-
pond à celle du renouvellement annuel des cartes W.
Je vous prie donc de faire savoir, d'une part,
aux détenteurs de cartes W, d'autre part, aux
autorités chargées de la police des voies pu-
bliques, que les instructions imprimées annexées à
ma circulaire du 28 octobre 1919 et qui leur avaient
été distribuées par vos soins sont désormais annu-
lées et remplacées par les instructions ci-jointes, dont
je vous enverrai séparément, dès leur impression, un
nombre d'exemplaires proportionné à vos besoins
habituels.

Je vous prie de m'accuser réception de la présente
circulaire, dont j'adresse ampliation aux ingénieurs
des mines.

Le Ministre des travaux publics,
Signé : Yves Le Trocquer.

Instructions relatives à l'emploi des cartes et des numéros d'immatriculation des séries W pour la mise en circulation des voitures automobiles destinées à la vente.

(Circulaire du Ministre des travaux publics du 15 décembre 1921.)

Nota. — Les présentes instructions annulent et remplacent toutes autres antérieures.

Les cartes et numéros des séries W peuvent être attribuées aux maisons qui, par la production, soit d'un extrait nominatif du rôle de l'impôt cédulaire sur les bénéfices industriels ou commerciaux, soit d'un certificat d'inscription au registre du commerce institué par la loi du 18 mars 1919, justifient qu'elles construisent, réparent ou font le commerce des automobiles; ces cartes et numéros permettent de faire circuler momentanément des voitures automobiles *exclusivement destinées à la vente*, et qui, comme telles, n'ont pas pu, d'une part, faire l'objet d'une déclaration spéciale de mise en circulation et sont, d'autre part, exemptées d'impôt.

1° Délivrance des cartes et numéros des séries W.

Les constructeurs, réparateurs ou commerçants en automobiles, qui désirent obtenir des numéros W doivent, à cet effet, adresser au préfet une demande établie sur une formule qui est mise à leur disposition par les soins de la préfecture. Cette demande est assujettie au timbre de dimension, conformément aux prescriptions de l'article 12 de la loi du 13 brumaire an VII. Les numéros attribués sont en nombre strictement proportionné aux nécessités reconnues du commerce de la maison intéressée. Il est délivré un nombre égal de cartes grises (récépissés de déclaration de voitures), sur lesquelles les indications relatives au type et à la série du type du véhicule seront remplacées par la mention : « Véhicule à vendre. »

Ces cartes, qui portent l'indication de l'année de leur délivrance, ne sont valables que pour ladite année.

Elles peuvent être renouvelées, au début de chacune des années suivantes, sur la demande des intéressés, qui doivent restituer les cartes périmées. Pour tenir compte des délais nécessaires à ce remplacement.

l'emploi des cartes périmées peut être toléré, jusqu'à ce qu'il ait été statué sur leur renouvellement, pourvu que celui-ci ait été demandé avant l'expiration de leur validité.

2° RÈGLES A OBSERVER POUR L'USAGE DES NUMÉROS ET CARTES GRISES DES SÉRIES W.

La mise en circulation d'automobiles, sous le couvert de cartes et de plaques portant des numéros des séries W, est légitime pour tout véhicule exclusivement destiné à la vente; elle est illicite pour tout autre, et les abus commis à cet égard, constitueraient à la fois des contraventions aux règlements sur la circulation des automobiles et des fraudes fiscales.

Doivent être considérées comme exclusivement destinées à la vente et légitimant, par suite, l'emploi de cartes et numéros des séries W :

1° Les automobiles à vendre, neuves ou d'occasion, carrossées ou non, lestées ou non (1), en étude ou en essais sur la voie publique, en vue de leur mise au point après construction, modification ou réparation. Les véhicules ainsi essayés ne doivent transporter que le personnel employé aux études et aux essais;

2° Les automobiles à vendre, neuves ou d'occasion, carrossées ou non, lestées ou non (1), utilisées par les vendeurs pour la présentation aux clients, la démonstration à ceux-ci des qualités et du mode de fonctionnement; l'essai de leur conduite par le client. Les véhicules circulant ainsi doivent être obligatoirement accompagnés d'un employé du vendeur.

Il n'y a donc plus lieu de faire la distinction établie entre les voitures « en essai », « d'études » et « de démonstration » par la circulaire du 1er avril 1909, qui limitait aux voitures « en essai » le bénéfice des cartes W.

Est interdit l'emploi de cartes et numéros des séries W, pour la mise en circulation sur la voie publique d'automobiles servant, lors de cette circulation, au transport et aux besoins personnels du commerçant possesseur, de sa famille ou de ses invités, ou de ses employés, des familles ou invités de ces derniers,

---

(1) On ne saurait, sous le couvert de « lest », admettre la possibilité du transport effectif de marchandises.

ainsi que pour la mise en circulation d'automobiles en location ou affectées à des transport à prix d'argent.

Si le commerçant désire pouvoir utiliser, pour les transports et déplacements nécessités par ses affaires ou ses besoins personnels, ou les affaires ou besoins personnels de ses employés, une ou plusieurs voitures à vendre qu'il possède, il doit soumettre les véhicules ainsi choisis à la déclaration et à l'immatriculation individuelle de droit commun; ces véhicules cessent, en effet, par là même, d'être *exclusivement* destinés à la vente et sont, par suite, assujettis à l'impôt (I).

Aux termes de la loi du 25 juin 1920, aucune automobile, qu'elle soit destinée au transport des personnes ou à celui des marchandises, ne peut être mise en circulation sans que son possesseur soit muni *d'un permis de circulation*, dont il demande la délivrance à la recette buraliste de son domicile, contre représentation du récépissé de déclaration (carte grise) remis par la préfecture. Ce permis obligatoire, pour les camions comme pour les voitures à voyageurs, doit être représenté, en cours de route, à toute réquisition des autorités compétentes; il donne ouverture à l'exigibilité des droits qui doivent être acquittés par trimestre ou par année, et d'avance. Aucune exception n'est prévue.

Toutefois, l'administration des finances a estimé que les exonérations précédemment accordées aux voitures destinées à la vente pourraient être maintenues; mais elle exige que les véhicules de cette catégorie, y compris les camions, soient, lorsqu'ils sont mis en circulation, accompagnés d'un permis délivré moyennant le simple payement du droit de timbre (0 fr. 10).

Ces permis gratuits sont réservés aux véhicules pourvus de cartes de séries W et des plaques d'identité correspondantes, instituées par l'arrêté ministériel du 6 mai 1909, article 2. Ils sont délivrés aux commerçants ou industriels en nombre égal à celui des cartes W et doivent être renouvelés dans les mêmes conditions.

_ Si donc, au point de vue fiscal, les automobiles munies de numéros W ne peuvent être mises en route qu'accompagnées du « permis de circulation », au point de vue de la police générale de la circulation,

---

(1) Demi-taxe seulement en vertu de l'article 100, paragraphe 3, de la loi du 25 juin 1920, si l'automobile est habituellement employée pour l'exercice d'une profession patentée.

elles sont soumises aux règles posées par le décret du 31 décembre 1922 et doivent, notamment, être pourvues de toutes les plaques prévues par les articles 5 et 27 de ce règlement, de même qu'aux termes de l'article 30 du décret susvisé, leur conducteur est tenu de présenter à toute réquisition son certificat de capacité (carte rose) et le récépissé de déclaration (carte grise W).

Enfin, pour éviter les abus et permettre un contrôle efficace, les commerçants détenteurs de cartes W doivent prendre, dans leur demande, l'engagement de tenir un registre-journal où ils inscriront chaque jour, pour chacun des véhicules mis en circulation avec ces cartes, la désignation précise du véhicule (type et numéro d'ordre dans la série du type), le numéro W dont il sera muni, le nom du conducteur auquel il sera confié, ainsi que les motifs de la mise en route. Toute omission ou fausse inscription sur ce registre suffira pour justifier le retrait de la carte W, indépendamment des poursuites auxquelles s'exposerait son titulaire.

3° Dérogations temporaires pour certains transports urgents de marchandises.

Par dérogation *temporaire* aux dispositions qui précèdent, en ce qui concerne exclusivement les camions automobiles, à raison de l'utilité qui, dans les circonstances actuelles, peut occasionnellement s'attacher, dans l'intérêt général, à utiliser certains déplacements de ces véhicules pour assurer des transports, les camions à vendre pourront, exceptionnellement, être autorisés à circuler avec ou sans numéro W pour transporter des chargements utiles au cours d'une sortie déterminée.

Le commerçant propriétaire qui désire faire usage de cette faculté, en adresse préalablement la déclaration au préfet. Cette déclaration fait connaître la date prévue pour le déplacement, la désignation de chacun des camions (type et numéro d'ordre dans la série du type) qu'il destine à transporter les chargements utiles, la nature de ces chargements, ainsi que le motif urgent légitimant la dérogation, l'itinéraire, aller et retour, de chaque véhicule, le ou les numéros des cartes W, utilisées pour ceux d'entre eux qui en seront pourvus.

Toutefois, dans les cas de l'espèce, la franchise de l'impôt n'est pas accordée. Les commerçants auront

donc à se munir, à la recette buraliste, de permis de
circulation entraînant le payement des droits pour le
trimestre en cours; mais, contrairement à la règle gé-
nérale, qui exige pour la délivrance des permis la re-
présentation de la carte grise, il leur suffira de remet-
tre, dans ces circonstances, au receveur buraliste,
copie de la déclaration adressée au préfet.

4° SANCTIONS.

Les constructeurs ou commerçants qui viendraient
à enfreindre les règles posées ci-dessus commettraient
à la fois des contraventions pénales et des contraven-
tions fiscales qui seraient relevées par le même pro-
cès-verbal. Ils seront donc passibles, indépendam-
ment des peines de police, de sanctions fiscales sévè-
res (amende de 50 francs à 200 francs, décimes en sus,
payement du quintuple des droits fraudés ou compro-
mis, confiscation des véhicules).

En outre, les cartes W dont l'emploi abusif aura
donné lieu à une contravention dans l'année ne se-
ront pas renouvelées au début de l'année suivante.
Le nombre des cartes attribuées aux délinquants
pourra même être réduit dans une proportion plus
forte, et la délivrance de toute carte être refusée au
cas de contraventions fréquentes.

ANNEXE 5.

Numérotage des automobiles.

Instruction de M. le Ministre des travaux publics, en date du 29 janvier 1925, au sujet de l'identification des automobiles (lettres caractéristiques d'immatriculation et marques distinctives de nationalié).

... Suivant les termes d'un arrêté du 26 juin 1922 (*Journal officiel* du 28 du même mois), tout véhicule automobile en circulation doit être pourvu, à l'avant et à l'arrière, de deux plaques d'identité, portant un numéro d'ordre d'immatriculation.

Les numéros attribués aux voitures automobiles françaises sont formés d'un groupe de chiffres arabes suivi d'une lettre majuscule romaine, caractéristique de l'arrondissement minéralogique qui a opéré l'immatriculation, lettre qui peut elle-même être doublée ou affectée d'un indice de série de deux chiffres au maximum. Exemples : 3045 A, 3045 AA, 3045 A 8 et 304 A 58. Seuls, échappent à cette règle : d'une part, les véhicules militaires, pour lesquels la lettre caractéristique d'immatriculation est remplacée par les couleurs nationales et, d'autre part, les omnibus exploités par la Société des transports en commun de la région parisienne, qui sont pourvus d'une numérotation spéciale (article 8 de l'arrêté précité du 26 juin 1922).

A moins qu'il ne s'agisse d'un faux numéro, toute numérotation ne correspondant pas à ces principes dénote une automobile étrangère. Cette dernière doit alors porter, conformément aux dispositions de l'article 4 et de l'annexe C de la Convention internationale du 11 octobre 1909, une marque distinctive de nationalité, constituée par une ou deux lettres peintes en noir sur fond blanc dans le cadre d'une plaque ovale distincte de la plaque d'immatriculation.

Si donc le numéro d'immatriculation permet d'identifier une automobile dans le pays où elle a été immatriculée, la plaque ovale a pour but d'indiquer ce pays d'origine. Or, dans de nombreux cas où des automobilistes étrangers ont été l'objet de poursuites de la part des autorités de police françaises, il a été impossible de faire les recherches utiles pour identifier les délinquants, les agents verbalisateurs ayant omis de relever la marque distinctive de nationalité portée sur la plaque ovale. On ne saurait donc trop recommander à ces agents d'avoir grand soin de relever, en ce qui concerne les automobiles étrangères, les lettres inscrites sur la plaque ovale en plus des indications de la plaque habituelle d'immatriculation.

Il est signalé, par ailleurs, que des automobilistes français ont pris l'habitude irrégulière de peindre aux couleurs nationales la plaque ovale de nationalité, dont le fond doit être blanc aux termes de l'annexe C de la Convention internationale de 1909. Il importerait de prévenir cet abus qui peut entraîner des confusions avec les automobiles militaires dont les trois couleurs sont la caractéristique.

Tableau des lettres caractéristiques correspondant aux différents arrondissements minéralogiques pour l'immatriculation des automobiles.

ARRONDISSEMENTS MINÉRALOGIQUES.	DÉPARTEMENTS SITUÉS dans les ARRONDISSEMENTS MINÉRALOGIQUES.	LETTRES CARACTÉRISTIQUES. 1re ligne. Véhicules ordinaires. 2e ligne. Véhicules à vendre. 3e ligne. Véhicul. achetés conduits au domicile de l'acheteur.
1er arrondissement minéralogique de Paris.	Seine.	E, G, I, U, V. W 1. WW 1.
2e arrondissement minéralogique de Paris.	Seine-et-Oise, Seine-et-Marne, Aube, Yonne, Loiret, Loir-et-Cher, Eure-et-Loir, Oise, Aisne, Calvados, Orne, Manche, Eure et Seine-Inférieure.	Y, Z. W 12. WW 12.
Arras.	Pas-de-Calais et Somme.	R. W 2. WW 2.
Douai.	Nord.	D. W7. WW 7.
Nancy.	Meurthe-et-Moselle, Meuse, Ardennes, Marne, Haute-Marne, Vosges, Haute-Saône et Belfort (territoire de).	N, O. W 10. WW 10.
Strasbourg.	Moselle, Bas-Rhin et Haut-Rhin.	J. W 5. WW 5.
Lyon.	Saône-et-Loire, Côte-d'Or, Rhône, Ain, Jura, Doubs, Isère, Savoie et Haute-Savoie.	C, H. W 4. WW 4.
Saint-Etienne.	Loire.	S. W 13. WW 13.
Clermont - Ferrand.	Allier, Nièvre, Cher, Puy-de-Dôme, Haute-Loire et Cantal.	F. W 6. WW 6.
Nantes.	Loire-Inférieure, Morbihan, Maine-et-Loire, Vendée, Deux-Sèvres, Sarthe, Mayenne, Ille-et-Vilaine, Côtes-du-Nord et Finistère.	L. W 8. WW 8.

ARRONDISSEMENTS MINÉRALOGIQUES.	DÉPARTEMENTS SITUÉS dans les ARRONDISSEMENTS MINÉRALOGIQUES.	LETTRES CARACTÉRISTIQUES. 1ᵉ ligne. Véhicules ordinaires. 2ᵉ ligne. Véhicules à vendre. 3ᵉ ligne. Véhicul. achetés conduits au domicile de l'achet.
Bordeaux	Gironde, Lot-et-Garonne, Landes. Basses-Pyrénées, Haute-Vienne, Corrèze, Creuse, Indre, Indre-et-Loire, Vienne, Dordogne, Charente-Inférieure et Charente.	B, P, K. W 3. WW 3.
Toulouse.	Haute-Garonne, Ariège, Hautes-Pyrénées, Gers, Aveyron, Tarn, Lot, et Tarn-et-Garonne.	T. W 14. WW 14.
Alais.	Gard, Ardèche, Lozère, Hérault, Aude et Pyrénées-Orientales.	A. W 15. WW 15
Marseille.	Vaucluse, Drôme, Basses-Alpes, Hautes-Alpes, Bouches-du-Rhône, Var, Alpes-Maritimes et Corse.	M, V. W 9. WW 9.
Algérie.		A L. W 16. WW 16.
Tunisie.		T U. W 17. WW 17.
Maroc.		M A. W 18
Haut-commissariat des territoires rhénans.		H C F.
Etablissements français de l'Inde.		I F.

Nota. — Les numéros de la série *WW* 20 attribués pour une durée limitée aux véhicules à exporter par route sont répartis tous les ans entre *tous les arrondissements minéralogiques* par les soins du ministère des travaux publics (voirie routière; 2º bureau).

Les numéros de 1 à 5 chiffres précédés des *couleurs nationales* sont réservés aux automobiles militaires, non immatriculées par le service des mines.

TABLEAU DES LETTRES INDIQUANT LA NATIONALITÉ
DES AUTOMOBILES.

(Inscription en noir sur fond blanc, sur une plaque séparée de forme ovale.)

	Lettres de nationalité.		Lettres de nationalité.
France, Algérie, Tunisie, Maroc et établissements français de l'Inde........	F	Irlande.	S E
Allemagne.	D	Italie.	I
Autriche.	A	Lichtenstein (Principauté de). . . ..,....	F L
Belgique.	B	Luxembourg.	L
Bulgarie.	B G	Monaco (Principauté de)..	M C
Danemark.	D K	Norvège.	N
Dantzig (Ville libre de)....	D A	Pays-Bas.	N L
Espagne.	E	Pologne.	P L
États-Unis (Pays n'ayant pas adhéré à la Convention internationale du 11 octobre 1909).	U S	Portugal.	P
		Roumanie.	R M
		Russie.	R
Finlande.	S F	Sarre (Territoire de la)..	S A
Grande-Bretagne, Aurigny, Malte, Guernesey, Jersey et Gibraltar.	G B	Serbie (Pays n'ayant pas adhéré à la Convention internationale du 11 octobre 1909).	S B
Grèce.	G R	Suède.	S
Hongrie.	H	Suisse.	C H
Indes britanniques.	B I	Tchéco-Slovaque (République).	C S
Indes néerlandaises.	I N		

En cas d'infraction ou de délit commis par un automobiliste dont on n'aurait pu établir l'identité, les lettres données par l'annexe 5 permettront de retrouver le propriétaire de la voiture qui est immatriculée à l'arrondissement minéralogique désigné par les lettres du tableau I ou dans le pays d'origine désigné par les lettres du tableau II.

En cas de doute au sujet d'une voiture française (maquillage de numéro) on pourrait télégraphier à la brigade du chef-lieu de l'arrondissement minéralogique pour être renseigné.

ANNEXE 6.

Plaques d'identité des véhicules automobiles
Signaux.

---

*Arrêté relatif au type, au mode de pose et à l'éclairage
des plaques d'identité des véhicules automobiles,
ainsi qu'aux dimensions des chiffres et lettres com-
posant le numéro d'immatriculation à inscrire sur
ces plaques.*

Paris, le 26 juin 1922 (1).

Le Ministre des travaux publics,

Vu le décret du 27 mai 1921, portant règlement sur
la police de la circulation et du roulage, et notamment
l'article 27 de ce décret;

Vu l'avis de la commission centrale des automobiles,
en date du 10 mai 1922;

Sur la proposition de l'inspecteur général des ponts
et chaussées chargé du service de la voirie routière,

Arrête :

Article 1er. Tout véhicule automobile doit être pour-
vu de deux plaques d'identité portant un numéro d'or-
dre. Les numéros d'ordre à attribuer aux automobiles
seront fixés par l'ingénieur en chef des mines de cha-
que arrondissement minéralogique.

Le numéro sera porté sur le récépissé de déclara-
tion (prévu à l'article 28 du décret du 27 mai 1921) à
remettre à l'intéressé.

Article 2. Ce numéro d'ordre sera formé d'un groupe
de chiffres arabes suivis de lettres majuscules romai-
nes caractéristiques du service de l'ingénieur en chef.

Le numéro sera reproduit sur chaque plaque d'iden-
tité en caractères blancs sur fond noir avec les dimen-
sions suivantes :

---

(1) Cet arrêté demeure valable, bien que le décret du 27 mai
1921 ait été abrogé par celui du 31 décembre 1922.

	Plaque avant.	Plaque arrière.
Hauteur des chiffres ou lettres................	70mm	100mm
Largeur uniforme du trait...................	10mm	12mm
Largeur du chiffre ou des lettres	40mm	60mm
Espace libre entre les chiffres ou les lettres (sauf entre le chiffre des dizaines et celui des centaines).	15mm	20mm
Espace libre entre le chiffre des dizaines et celui des centaines............................	23mm	35mm
Hauteur de la plaque........................	90mm	120mm

Le groupe des chiffres sera séparé du groupe des lettres par un trait horizontal placé à moitié de la hauteur de la plaque avec les dimensions suivantes :

	Plaque avant.	Plaque arrière.
Largeur dans le sens vertical................	10mm	12mm
Longueur dans le sens horizontal..............	30mm	30mm
Espace libre entre le trait et les chiffres ou lettres.	15mm	20mm

Article 3. Les plaques seront placées de façon à être toujours en évidence, dans des plans verticaux perpendiculaires à l'axe longitudinal du véhicule, le centre de la plaque étant, autant que possible, sur cet axe longitudinal. Chacune des plaques pourra être constituée par une surface plane, perpendiculaire à l'axe longitudinal du véhicule, faisant partie intégrante du châssis ou de la carrosserie, et sur laquelle le numéro sera reproduit d'une manière inamovible. Dans ce dernier cas, la surface dont il s'agit pourra ne pas être rigoureusement plane, à la condition expresse qu'il ne puisse résulter de la courbure tolérée aucune déformation des chiffres et lettres de nature à nuire à la lisibilité du numéro d'immatriculation.

. A défaut de cette disposition, le numéro sera reproduit, d'une manière inamovible, sur une plaque métallique rigide, invariablement rivée au châssis ou à la carrosserie.

Par tolérance, la plaque arrière peut être placée sur le garde-boue.

Article 4. Dès la chute du jour, la plaque arrière sera éclairée par réflexion au moyen d'une source lumineuse en parfait état de fonctionnement, la disposition et l'orientation du faisceau lumineux étant telles que l'éclairement de l'inscription soit à peu près uniforme et ait même intensité pour les caractères extrêmes.

Toutefois, le véhicule pourra porter à l'arrière, dans un emplacement satisfaisant aux conditions de l'article 3, indépendamment de la plaque fixe réglementaire, une lanterne à réflecteur en parfait état, qui éclairera, par transparence, un verre laiteux recouvert d'une plaque ajourée ou un dispositif équivalent, faisant apparaître le numéro en caractères lumineux sur fond obscur, avec les dispositions et dimensions spécifiées à l'article 2; dans ce cas, la plaque fixe arrière ne sera pas éclairée la nuit.

Quel que soit le moyen adopté pour la signalisation nocturne du numéro arrière, la source lumineuse employée devra avoir une intensité suffisante pour que ce numéro puisse être lu, pendant la nuit, de la même distance qu'en plein jour. Les appareils d'éclairage devront, dans tous les cas, être disposés de manière à ne porter aucunement atteinte à la visibilité de la plaque arrière fixe pendant le jour.

Article 5. En ce qui concerne les cyclecars, quadricycles, tricycles, bicyclettes à moteur et motocyclettes, les dimensions des plaques d'identité pourront être réduites conformément aux indications ci-après :

	a) Cyclecars, tricycles, quadricycles.	b) Bicyclettes à moteur, motocyclettes.
Hauteur des chiffres ou lettres	60mm	50mm
Largeur uniforme du trait	8mm	7mm
Largeur du chiffre ou de la lettre	35mm	30mm
Espace libre entre les chiffres ou lettres (sauf le chiffre des dizaines et celui des centaines.	12mm	10mm
Espace libre entre le chiffre des dizaines et celui des centaines	23mm	20mm
Hauteur de la plaque	80mm	70mm

Le groupe des chiffres sera séparé des lettres par un trait horizontal placé à moitié hauteur de la plaque avec les dimensions suivantes :

Longueur dans le sens horizontal	20mm	15mm
Largeur dans le sens vertical	8mm	7mm
Espace libre entre le trait et les chiffres ou lettres.	5mm	5mm

Article 6. La plaque arrière des bicyclettes à moteur et motocyclettes pourra ne pas être éclairée pendant la nuit, en conformité avec l'article 24 du décret du 27 mai 1921.

La plaque avant des bicyclettes à moteur et motocyclettes pourra être placés dans le prolongement de l'axe du cadre de l'appareil, sous réserve que l'inscription du numéro réglementaire soit reproduite sur les deux faces de la plaque.

Article 7. Les numéros d'immatriculation attribués aux maisons de commerce ou de construction, empruntés aux séries W (automobiles à vendre) et WW (automobiles à exporter), pourront être inscrits sur des plaques *amovibles*.

Les dimensions de ces plaques seront celles prévues pour chaque catégorie aux articles 2 et 5 du présent arrêté.

Article 8. Les dispositions du présent arrêté sont applicables aux automobiles militaires et aux omnibus dont l'exploitation est affermée à la « Société des transports en commun de la région parisienne », sous les réserves ci-après :

a) *Automobiles militaires.* — Les numéros d'ordre de ces voitures continueront à être fixés par l'autorité militaire. Ils se composeront au maximum de cinq chiffres sans lettre caractéristique et seront précédés d'une bande verticale aux trois couleurs nationales qui restera la caractéristique exclusive des automobiles militaires;

b) *Omnibus exploités par la « Société des transports en commun de la région parisienne ».* — Les numéros d'ordre des omnibus automobiles, dont l'exploitation est affermée à la « Société des transports en commun de la région parisienne », seront fixés par le préfet de police. Ces numéros seront composés de quatre chiffres au maximum, sans lettre caractéristique. Les numéros d'avant pourront être inscrits en noir sur fond clair; ceux d'arrière seront à caractères ajourés et éclairés la nuit par transparence.

Les dimensions uniformes des chiffres inscrits à l'avant et à l'arrière seront les suivantes :

Hauteur des chiffres	85ᵐᵐ
Largeur uniforme du trait	12ᵐᵐ
Largeur des chiffres	40ᵐᵐ
Espace libre entre les chiffres	15ᵐᵐ

Article 9. Un délai d'un an est accordé pour l'application des dispositions qui précèdent, aux véhicules déjà en service et satisfaisant à cet égard à la réglementation antérieure.

Paris, le 26 juin 1922.

Le Ministre des travaux publics,
Yves Le Trocquer.

Plaques d'identité des véhicules automobiles.

Dimensions des plaques placées à l'avant et à l'arrière des voitures automobiles, cyclecars, tricycles, quadricycles et motocyclettes.

(Extrait des « *Conseils à l'usage des conducteurs dans Paris* » édité par la Préfecture de police.)

	a	b	c	d	e	e'	f	g	h
	Mill.	Mill.	Mill.	Mill.	Mill.	Mill.	Mill.	Mill.	Mill.
Cyclecars, Tricycles, Quadricycles........	80	60	8	35	12	23	8	5	
Bicyclettes à moteur et Motocyclettes....	70	50	7	20	10	20	7		

(Mêmes dimensions sur plaques avant et arrière.)

		a	b	c	d	e	e'	f	g	h
Auto-mobiles	Plaque av....	90	70	10	40	15	23	10	30	15
	Plaque arr...	120	100	12	60	20	35	12	30	20

Le tiret entre la lettre et l'indice est toléré, à condition que la plaque ait les dimensions réglementaires.

Véhicules militaires automobiles.

Signaux de route pour automobilistes.

Caniveau.

Courbe.

Barrière, passage à niveau.

Croisement.

ANNEXE 7.

Décret relatif à l'introduction dans les départements du Bas-Rhin, du Haut-Rhin et de la Moselle du décret du 27 mai 1921 dit « Code de la route » (1).

Article 1er. Est déclaré applicable aux départements du Haut-Rhin, du Bas-Rhin et de la Moselle, le décret du 27 mai 1921 concernant la réglementation de l'usage des voies ouvertes à la circulation publique (1).

Article 2. Toutefois, les dispositions des articles 4, 5, 21, 22, 23, 24, 35, 36, 37, 40, 49 et 50 du décret du 27 mai 1921 ne seront applicables, dans les départements du Bas-Rhin, du Haut-Rhin et de la Moselle, aux véhicules en service lors de la publication du présent décret, qu'à partir du 1er janvier 1923.

Article 3. A titre transitoire, il sera statué par le commissaire général de la République dans les cas prévus par l'article 33, alinéa 2, du décret du 27 mai 1921.

Article 4. Sont abrogés la loi d'empire du 3 mai 1909 sur la circulation des voitures automobiles, à l'exception de celles de ses dispositions qui concernent la responsabilité des propriétaires et conducteurs d'automobiles, l'ordonnance impériale du 2 septembre 1906, sur la circulation des véhicules en général, l'ordonnance du 3 février 1910 modifiée par les ordonnances des 5 décembre 1910, 1er mars 1911 et 21 juin 1913, et les instructions du ministère d'Alsace et de Lorraine des 10 mars 1910 et 5 mai 1910.

Sont également abrogés les règlements et arrêtés des présidents de districts et des autorités locales dans tout ce qu'ils ont de contraire aux dispositions du présent décret.

Article 5. Le présent décret sera soumis à la ratification des Chambres, conformément aux prescriptions de l'article 4 de la loi du 17 octobre 1919.

Article 6. Le Garde des sceaux, Ministre de la justice, et le Ministre des travaux publics sont chargés, chacun en ce qui le concerne, de l'exécution du présent décret.

Fait à Rambouillet, le 25 août 1922.

A. MILLERAND.

---

(1) Aujourd'hui décret du 31 décembre 1922.

ANNEXE 8.

Circulaire relative aux contraventions dites « au vol » et à l'emploi du sifflet.

Le moyen de verbalisation dit « au vol », fréquemment employé contre les automobilistes, outre les erreurs fréquentes auxquelles il donne lieu en ce qui concerne l'identité des contrevenants, présente d'autres inconvénients importants, qui font que son utilisation doit être réservée aux cas de nécessité absolue, c'est-à-dire contre les contrevenants qui ne peuvent être interpellés, soit à cause de leur allure excessive, soit parce qu'ils ont refusé de s'arrêter.

Il est bien évident que, pour ces contrevenants, comme pour ceux qui, ayant causé un accident, s'enfuient, tous les moyens sont bons pour les atteindre. Mais, dans tous les autres cas, il y aura dorénavant obligation pour le gendarme, vis-à-vis du conducteur en marche qui est en faute, de l'inviter à s'arrêter, soit par un geste de la main, soit par un coup de sifflet.

Les diverses prescriptions réglementant la vitesse dans les agglomérations, la fumée à l'échappement, la lanterne arrière, etc..., ont pour but d'assurer la sécurité des usagers de la route ou leur commodité.

Un gendarme qui constate une faute commise par un chauffeur, qui a la possibilité de l'en prévenir en lui imposant l'arrêt et qui le laisse continuer sa route sans avoir fait le moindre effort pour l'avertir, ne fait pas son devoir.

Il n'a vu que le côté répressif de sa fonction; il a laissé subsister les causes de délit, alors qu'il doit, au contraire, les prévoir pour les empêcher de se produire.

Afin de donner aux gendarmes le moyen de prévenir, par arrêt, un automobiliste en faute, chaque militaire devra être muni d'un sifflet.

Ce sifflet devra être du modèle dit, à roulette, en métal, et pouvoir émettre un son aigu, puissant, perceptible en toutes circonstances.

L'achat des sifflets nécessaires sera effectué au compte de la masse individuelle, dans les conditions prévues par la circulaire n° 056 4/5 du 28 avril 1922 (*Mémorial*, page 403).

Il y aura lieu de donner, dès maintenant, toutes instructions utiles pour qu'il soit tenu compte, dans la constatation des contraventions, de l'esprit de la présente circulaire.

ANNEXE 9.

Passages à niveau.

En raison des dangers que présentent tous les passages à niveau pour les automobilistes, nous jugeons utile de les éclairer sur la réglementation spéciale à ces emprises des chemins de fer. (Arrêté ministériel du 30 mai 1892.)

CATÉGORIES DE PASSAGES A NIVEAU.	MOYENS DE FERMETURE.	ÉCLAIRAGE	MANŒUVRE DES BARRIÈRES.		DISPOSITIONS PARTICULIÈRES AUX LIGNES A FAIBLE TRAFIC.
			LIGNES A GRAND TRAFIC	LIGNES A MOYEN ET A FAIBLE TRAFIC.	
1re. — Passages dont les barrières sont manœuvrées plus de 100 fois en 24 heures.	Barrières.	2 feux blancs.	Fermées jour et nuit, ouvertes sur la demande des usagers de la route quand la sécurité le permet.	Ouvertes de jour, fermées la nuit et quand un train est à moins de 2 kilom.	Lorsque les conditions de visibilité sont suffisantes, les barrières peuvent être supprimées. Ces passages à niveau sont signalés par des écriteaux sur poteaux bien en vue. mais qui ne sont pas obligatoirement éclairés et ne le sont généralement pas.
2e. — Barrières manœuvrées de 50 à 100 fois en 24 heures.	Id.	1 feu blanc.	Id.	Id.	
3e. — Barrières manœuvrées moins de 50 fois en 24 heures.	Id.	Généralement pas éclairés, sauf les plus importants par 1 feu blanc.	Id.	Id.	
			Manœuvre effectuée par les seuls gardes-barrières ou agents des compagnies de chemins de fer. Ils doivent ouvrir d'abord la barrière qui doit être franchie la dernière, et seulement s'il n'y a aucun train à moins de 2 kil		
4e. — Passages à niveau concédés à des particuliers.	Id.	Non éclairés.	Cadenassées jour et nuit par les soins de leurs propriétaires.		
5e. — Pour piétons.	Portillons.	Non éclairés, sauf si l'administration le juge utile.	Portillons non gardés et manœuvrés par les usagers de la route.		

ANNEXE 10.

Impôts.

Circulaire du ministère des finances (direction générale des contributions indirectes) du 20 juillet 1925, portant modification aux tarifs de l'impôt sur les voitures automobiles et assimilation des motocyclettes aux automobiles. (Extraits.)

L'article 95 de la loi de finances du 13 juillet 1925 (1) modifie, à compter du troisième trimestre de l'année en cours, et jusqu'au 1er janvier 1926, les tarifs de l'im-

---

(1) Loi de finances du 13 juillet 1925. (*Journal officiel* du 14 juillet 1925.)

Article 95.

L'article 25 de la loi du 22 mars 1924 est modifié de la façon suivante :

« A compter du 1er juillet 1925 et jusqu'au 1er janvier 1926, les droits sur les véhicules automobiles autres que ceux visés à l'article 42 de la loi du 30 juin 1923 seront fixés comme suit :

» 1° Voitures automobiles assujetties à un tarif de transport arrêté par une autorité publique, par cheval-vapeur ou fraction de cheval-vapeur, avec minimum d'imposition de cinq chevaux-vapeur : 48 francs;

» 2° Autres véhicules automobiles, par cheval-vapeur ou fraction de cheval-vapeur, avec minimum d'imposition de cinq chevaux-vapeur :

. . . .

» 3° Les cycle-cars sont soumis, pour leur puissance effective, aux mêmes droits et régime que les automobiles.

» Les bateaux automobiles destinés à la navigation de plaisance et les vélocipèdes ou appareils analogues munis d'une machine motrice, à l'exception des bicyclettes à moteur auxiliaire dont le poids n'excède pas 30 kilogrammes et qui ne sont pas capables de dépasser en palier une vitesse de 30 kilomètres à l'heure, sont imposés d'après leur puissance effective, à raison de 20 francs par cheval-vapeur ou fraction de cheval-vapeur.

» Est supprimée la tarification spéciale des motocyclettes avec side-car.

» Sont exonérés de tout impôt, les tracteurs agricoles, les motoculteurs, tous les moteurs inanimés servant à remorpôt sur les automobiles. Les trois classes de voitures, indiquées à la circulaire n° 115 du 26 mars 1924 sont maintenues; de même, le régime antérieur subsiste pour les véhicules possédés en conformité des règlements sur le service militaire ou administratif ainsi que pour les camions ou autobus assurant des services publics de transports concédés ou subventionnés par l'Etat, les départements ou les communes qui sont régis par l'article 99 de la loi du 25 juin 1920. Mais le système d'imposition des cycle-cars, des side-cars et des motocyclettes proprement dites est transformé.

. . . .

D. — CYCLE CARS.

Depuis la loi du 25 juin 1920, les cycle-cars bénéficiaient d'un mode de taxation particulier et supportaient un droit de quotité uniforme quelle que fût leur puissance. Le nouveau texte met fin à cette situation. Désormais, les appareils de l'espèce sont imposés comme les automobiles, d'après leur nombre de chevaux-vapeur; mais, en ce qui les concerne, aucun minimum n'est fixé.

. . . .

MOTOCYCLETTES.

Jusqu'à ce jour, les motocyclettes étaient soumises, soit à un droit de 24 francs par place dont le payement était attesté par une plaque de contrôle, soit à une taxe de 60 francs, si elles étaient accouplées à un side-car.

L'article 95 de la loi de finances du 13 juillet 1925 fait disparaître cette distinction. Désormais, les motocyclettes et appareils analogues, qu'ils soient ou non munis d'un side-car, sont passibles d'un impôt annuel de 20 francs par cheval-vapeur ou fraction de cheval-

---

quer les instruments agricoles destinés aux travaux exclusifs des champs et ne servant à aucun transport sur route. »

Article 96.

. . . .

Toute omission ou fausse déclaration constatée par les agents désignés à l'article 102 de la loi du 25 juin 1920 (*Mémorial*, 1920, page 463), est punie des peines édictées par ledit article.

. . . .

vapeur d'après leur puissance effective, c'est-à-dire sans minimum d'imposition. Les droits deviennent exigibles par trimestre ou, facultativement, par année et d'avance. Ils seront perçus au comptant ou au constaté en vertu d'un permis de circulation du modèle 23 C qui sera délivré dans les mêmes conditions que pour les automobiles.

Une exception est toutefois prévue à l'égard des bicyclettes à moteur, dont le poids à vide n'excède pas 30 kilomètres et qui ne sont pas capables de dépasser en palier une vitesse de 30 kilomètres à l'heure. Dans cette catégorie pourront être rangées jusqu'à nouvel ordre toutes les bicyclettes pourvues d'un moteur qui conservent leurs pédales et restent susceptibles d'être actionnées facilement par les pieds. Une plaque de contrôle à 24 francs par place demeure seule exigible en ce qui les concerne.

Aucune modification n'est apportée aux règles tracées par la circulaire n° 8 du 31 janvier 1922 au sujet des vélocimanes ou appareils analogues munis d'une machine motrice de faible puissance, susceptibles d'être actionnés par les mains. En outre, les bicyclettes à moteur auxiliaire, utilisées par des mutilés de guerre, paralysés ou amputés de l'un ou des deux membres inférieurs, continuent à bénéficier de la franchise totale d'impôt.

Au regard de la réglementation de police, les motocyclettes sont de tous points assimilables aux automobiles. Les appareils de l'espèce sont soumis à la formalité de la réception par le service des mines et doivent être munis du récépissé de déclaration (carte grise) délivré par la préfecture. Ils peuvent, en conséquence, lorsqu'ils sont déplacés, soit en vue des essais ou de la démonstration, soit pour être conduits des magasins du vendeur au domicile de l'acheteur ou à l'étranger, circuler sous le couvert de plaques W ou WW et des cartes grises correspondantes. Le régime fiscal antérieurement en vigueur ne permettait pas de dispenser de la plaque de contrôle les motocyclettes pourvues de n°⁸ W ou WW. A l'avenir, la situation se trouve modifiée; les dispositions des circulaires n°⁸ 1214 du 27 décembre 1921 et 76 du 5 juillet 1923 deviennent applicables aux vélocipèdes et appareils analogues, munis d'une machine motrice, exception faite cependant des bicyclettes à moteur auxiliaire répondant à la définition donnée ci-dessus.

Enfin, les motocyclettes possédées en conformité des

règlements sur le service militaire ou administratif et exclusivement utilisées pour les besoins du service peuvent être affranchies de l'impôt (article 42, loi du 30 juin 1923).

Les nouveaux tarifs prennent effet du 1er juillet 1925 tant pour les automobiles que pour les cycle-cars, les bateaux automobiles de plaisance et les motocyclettes munies ou non de side-car.

Toutefois, en ce qui concerne les motocyclettes ordinaires revêtues de la plaque de contrôle du modèle 1925, l'administration admet qu'elles pourront circuler jusqu'à la fin de l'année en cours sans que leurs possesseurs aient à remplir de nouvelles formalités. Mais il est spécifié que cette tolérance vise exclusivement les contribuables dont les machines étaient en service au jour de la promulgation de la loi du 13 juillet 1925; elle n'est pas applicable à ceux qui voudraient mettre en circulation des motocyclettes d'ici au 31 décembre. Il conviendra d'en informer les débitants et de les inviter à ne plus délivrer de plaques à 24 francs, sauf pour des bicyclettes à moteur auxiliaire.

. . . .

Circulaire n° 937 du 14 août 1926 du directeur général des contributions indirectes aux directeurs.

La circulaire n° 190 du 9 novembre 1925 a prévu des modalités nouvelles de règlement amiable des contraventions en matière de vélocipèdes. Elle stipule que, lorsque l'affaire ne présente pas de circonstances particulières, elle peut être terminée sur place moyennant le versement par le contrevenant d'une somme fixe de 25 francs pour les vélocipèdes ordinaires et 55 francs pour les machines avec moteur. Cette somme comprend, outre l'amende, les divers frais, même le timbre de la transaction.

Or, la loi du 3 août dernier et les décrets pris en exécution ont relevé les droits sur les vélocipèdes et les taxes de timbre et d'enregistrement, de sorte que les sommes ci-dessus visées sont insuffisantes pour couvrir l'amende à exiger et les frais à récupérer.

En effet, les droits sont portés respectivement à 6 et 18 francs et 24 à 72 francs. D'autre part, les frais de timbre et d'enregistrement, tant du procès-verbal que de la transaction, passent de 12 à 25 fr. 80. Il devient donc nécessaire d'accroître le chiffre de la consignation à verser par les contrevenants pour règlement immédiat des contraventions.

En conséquence, les chiffres prévus par la circulaire 190 devront être portés à 50 francs pour les vélocipèdes et 175 francs pour les machines avec moteur.

En ce qui concerne les distributeurs automatiques, le taux de la consignation exigible est portée de 30 francs à 100 francs, droit en sus.

Les instructions utiles seront données en ce sens au service.

Quant à l'article 41 de la loi du 30 juin 1923 qui fixe le montant de la consignation à exiger à titre de garantie de l'amende pour éviter saisie, il continuera, le cas échéant, à recevoir son application jusqu'à ce qu'une loi nouvelle ait modifié le montant de la consignation.

ANNEXE 11.

Tableau synthétique des infractions au Code de la route avec modèles d'analyse des procès-verbaux, indication du nombre d'expéditions et leur destination.

NOTA. — 1° Tous les modèles d'analyse débutent par : « Contravention à l'article... du Code de la route ».

En matière de grande voirie, il y a lieu de remplacer ce début par le suivant :

« Infraction à la loi du 30 mai 1851, art... »

Cette loi, non abrogée, vise les routes nationales et départementales et les chemins de grande communication (grande voirie).

2° Ivresse. — Pour toute contravention ou infraction aggravée par l'ivresse du conducteur ou son incapacité *permanente* dûment constatée, une expédition du procès-verbal doit être adressée au préfet, aux fins d'application, par ses soins, s'il y a lieu, *de la sanction prévue* à l'article 29 du présent Code.

---

*Pour consulter le tableau, chercher l'infraction
dans l'ordre alphabétique.*

NUMÉROS D'ORDRE.	ANALYSE DES PROCÈS-VERBAUX ET TEXTES À VISER.	Nombre.	EXPÉDITIONS DES PROCÈS-VERBAUX. Destination.
1	Contravention à l'article 11 du Code de la route. *Abahdon d'attelage* (ou de véhicule, désigner ce véhicule) par.....	2 ou 3	*Petite voirie :* 1re, ministère public près le tribunal de simple police. *Grande voirie :* 1re et 2e, préfet ou sous-préfet. 3e, archives.
2	Contravention à l'article 41, § 3 du Code de la route *Abandon de leur véhicule* par le conducteur et le receveur de l'autobus de transport en commun de X... à Y..., par.....	2	1re, ministère public près le tribunal de simple police. 2e, archives.
3	Contravention à l'article 44 du Code de la route. *Absence du relayeur :* Charles N..., de l'entreprise de transports en commun de X... à Y...	2	Id.
4	Contravention à l'article 18, § 4 du Code de la route. *Aide-conducteur manquant,* par.....	2	Id.
5	Contravention à l'article 24, § 3 du Code de la route. *Appareil d'éclairage supplémentaire manquant,* par.....	2	Id.
6	Contravention à l'article 22 du Code de la route. *Appareil rétroviseur manquant,* par.....	3	1re, ministère public près le tribunal de simple police. 2e, préfet. 3e, archives.
7	Contravention à l'article 25 du Code de la route. *Appareil sonore non réglementaire* (automobile), employé par.....	2	Id.

RÉPRESSION DES INFRACTIONS			OBSERVATIONS.
TRIBUNAL compétent.	PEINE ENCOURUE.	TEXTE FIXANT la pénalité.	
Simple police (petite voirie).	6 à 10 fr. d'amende. 1 à 3 jours de prison.	Petite voirie : Code pénal (C. P.), art. 475, § 3 et 476, § 1.	Emprisonnement pendant 5 jours au plus en cas de récidive.
Conseil de préfecture (grande voirie).		Grande voirie : loi du 30 mai 1851.	
Simple police.	1 à 5 fr. d'amende.	C. P., art. 471, § 15.	Id.
Id.	Id.	Id.	Id.
Id.	Id.	Id.	Id.
Id.	Id.	Id.	Id.
Id.	Id.	Id.	Saisir la carte grise et la joindre à la 2ᵉ expédition du procès-verbal (circulaire du 9 octobre 1924, voir page 43).
Id.	Id.	Id.	Emprisonnement de 1 à 5 jours en cas de récidive. Noter qu'un appareil sonore réglementaire ne doit pas être employé abusivement (art. 25, § 2°). Pour un cycliste, viser l'article 50 du Code de la route.

NUMÉROS D'ORDRE.	ANALYSE DES PROCÈS-VERBAUX ET TEXTES A VISER.	EXPÉDITIONS DES PROCÈS-VERBAUX.	
		Nombre.	Destination.
8	Contravention à l'article 7, § 4 du Code de la route. *Approche sans avertir, par.....*	2	1re, ministère public près le tribunal de simple police. 2e, archives.
9	Contravention à l'article 2, § 2 du Code de la route. *Bandages métalliques avec saillies, par.....*	2	Id.
10	Contravention à l'article 2, § 3 du Code de la route. *Bandages non élastiques, à l'automobile de M.....*	2	Id.
11	Contravention à l'article 15 du Code de la route. *Barrières de dégel* non respectées.	2 ou 3	*Petite voirie :* 1re, ministère public près le tribunal de simple police. 2e, archives. *Grande voirie :* 1re et 2e, préfet ou sous-préfet. 3e, archives.
12	Contravention à l'article 7, § 2 du Code de la route. *Bestiaux en liberté, par.....*	2	1re, ministère public près le tribunal de simple police. 2e, archives.
13	Contravention à l'article 7, § 3 du Code de la route. *Bestiaux sans conducteur, par.....*	2	Id.
14	Contravention à l'article 10, § 1er du Code de la route. *Bifurcation mal abordée.*	2	Id.
15	Contravention à l'article 18, §§ 2 et 3 du Code de la route. *Chevaux (ou animaux) de trait en surnombre, par.....*	2 ou 3	*Petite voirie :* comme au n° 10. *Grande voirie :* comme au n° 10.

RÉPRESSION DES INFRACTIONS.			OBSERVATIONS.
TRIBUNAL compétent.	PEINE ENCOURUE.	TEXTE FIXANT la pénalité.	—
Simple police.	1 à 5 fr. d'amende.	C. P., art. 471, § 15.	Emprisonnement pendant 3 jours au plus en cas de récidive. Concerne tous les véhicules; voir aussi article 10 du Code de la route.
Id.	Id.	Id.	Emprisonnement de 1 à 5 jours en cas de récidive. (Voir aux mots : Tables de roulement.)
Id.	Id.	Id.	Id.
Id. (petite voirie).	Id. (petite voirie).	Id. (petite voirie).	Emprisonnement de 1 à 5 jours en cas de récidive. Enregistrement en débet. Véhicule mis en fourrière.
Conseil de préfecture (grande voirie).	5 à 30 fr. d'amende (grande voirie).	Loi du 30 mai 1851, art. 4 (grande voirie).	
Simple police.	1 à 5 fr. d'amende.	C. P., art 471, § 15.	Id.
Id.	Id.	Id.	Id.
Id.	6 à 10 fr. d'amende	C. P., art. 475 § 3 et 471, § 15.	Emprisonnement de 6 jours à 1 mois en cas de récidive et amende portée de 16 à 200 fr.
Id. (petite voirie).	1 à 5 fr. d'amende (petite voirie).	C. P., art. 471, § 15 (petite voirie).	Emprisonnement de 1 à 5 jours en cas de récidive et amende portée à 15 francs.
Conseil de préfecture (grande voirie).	5 à 30 fr. d'amende (grande voirie).	Loi du 30 mai 1851, art. 2 et 4 (grande voirie).	

NUMÉROS D'ORDRE.	ANALYSE DES PROCÈS-VERBAUX ET TEXTES A VISER.	EXPÉDITIONS DES PROCÈS-VERBAUX.	
		Nombre.	Destination.
16	Contravention à l'article 30, §§ 1er et 2 du Code de la route.................... *Conducteur non porteur du récépissé de déclaration, par.....*	2	1re, ministère public près le tribunal de simple police. 2e, archives.
17	Contravention à l'article 28, § 1er du Code de la route. *Conduite sans récépissé de déclaration, par.....*	2	Id.
18	Contravention à l'article 13, § 2 du Code de la route. *Convoi irrégulièrement conduit, par.....*	2 ou 3	*Petite voirie :* 1re, ministère public près le tribunal de simple police. *Grande voirie :* 1re et 2e, préfet ou sous-préfet. 3e, archives.
19	Contravention à l'article 13, § 4 du Code de la route. *Convoi irrégulièrement tronçonné, par.....*	2 ou 3	Id.
20	Contravention à l'article 13, § 3 du Code de la route. *Convoi trop long, par.....*	2 ou 3	Id.
21	Contravention à l'article 32 du Code de la route. *Course automobile non autorisée, par.....*	2	1re, ministère public près le tribunal de simple police. 2e, archives.
22	Contravention à l'article 9, § 1er du Code de la route. *Croisement par la gauche, par.....*	2	Id.
23	Contravention à l'article 52, § 2 du Code de la route. *Cyclistes en groupe gênant la circulation, par.....*	2	Id.
24	Contravention à l'article 54, § 1er du Code de la route. *Cycliste circulant sur le trottoir, par.....*	2	Id.

REPRESSION DES INFRACTIONS.			OBSERVATIONS.
TRIBUNAL compétent.	PEINE ENCOURUE.	TEXTE FIXANT la pénalité.	
Simple police.	1 à 5 fr. d'amende.	C. P., art. 471, § 15.	1 à 3 jours de prison en cas de récidive.
Id.	Id.	Id.	Id.
Id. (petite voirie).	Id. (petite voirie).	Id. (petite voirie).	Id. Pour les convois automobiles, viser l'article 32 du Code de la route.
Conseil de préfecture (grande voirie).	6 à 10 fr. et 1 à 3 jours de prison (grande voirie).	Loi du 30 mai 1851, art. 2 et 5 (grande voirie).	
Id.	Id.	Id.	Id.
Id.	Id.	Id.	Id.
Simple police.	1 à 5 fr. d'amende.	C. P., art. 471, § 15.	1 à 3 jours de prison en cas de récidive.
Id.	Id.	Id.	Id.
Id.	Id.	Id.	Id.
Id.	Id.	Id.	Id.

NUMÉROS D'ORDRE.	ANALYSE DES PROCÈS-VERBAUX ET TEXTES A VISER.	EXPÉDITIONS DES PROCÈS-VERBAUX.	
		Nombre.	Destination.
25	Contravention à l'article 49 du Code de la route. *Cycle non éclairé,* par.....	2	1re, ministère public près le tribunal de simple police. 2e. archives.
26	Contravention à l'article 49 du Code de la route. *Cycle irrégulièrement éclairé* (défaut de feu ou de surface réfléchissante rouge), par.....	2	Id.
"	*Cycle dépourvu de plaque de contrôle.* (Voir : *Défaut de plaque.*)	"	"
"	*Cycle dépourvu de plaque d'identité.* (Voir : *Défaut de plaque.*)	"	"
27	Contravention à l'article 50, § 1er du Code de la route. *Cycle sans timbre avertisseur,* par.....	2	Id.
28	Contravention à l'article 34, §§ 1er et 2 du Code de la route. *Défaut de déclaration* d'entreprise d'un service public de transport en commun, par.....	2	Id.
29	Contravention à l'article 47, § 2 du Code de la route. *Défaut d'affichage* des articles 40 à 45 dudit Code, par X..., entrepreneur de transports en commun.	2 ou 3	*Petite voirie :* 1re, ministère public près le tribunal de simple police. 2e, archives. *Grande voirie :* 1re et 2e, préfet ou sous-préfet. 3e, archives.
"	*Défaut d'appareil rétroviseur.* (Voir : *Appareil.*)	"	"
30	Contravention à l'article 25, § 5 du Code de la route. *Défaut d'appareil sonore* (automobile), par.....	2	1re, ministère public près le tribunal de simple police. 2e, archives.

RÉPRESSION DES INFRACTIONS.			OBSERVATIONS.
TRIBUNAL compétent.	PEINE ENCOURUE.	TEXTE FIXANT la pénalité.	
Simple police.	1 à 5 fr. d'amende.	C. P., art. 471, § 15.	1 à 3 jours de prison en cas de récidive.
Id.	Id.	Id.	Id.
»	»	»	»
»	»	»	»
Id.	Id.	Id.	Id. Voir : Timbre.
Id.	Id.	Id.	1 à 3 jours de prison en cas de récidive.
Id. (petite voirie).	Id. (petite voirie).	Id. (petite voirie).	Id.
Tribunal correctionnel (grande voirie).	16 à 200 fr. d'amende et 6 à 10 jours de prison (grande voirie).	Loi du 30 mai 1851, art. 2, § 3 et art. 4, § 6 (grande voirie).	
»	»	»	»
Simple police.	1 à 5 fr. d'amende.	C. P., art. 471, § 15.	Id. Pour les cycles, viser l'article 50, § 1er (voir n° 26).

NUMÉROS D'ORDRE.	ANALYSE DES PROCÈS-VERBAUX ET TEXTES A VISER.	EXPÉDITIONS DES PROCÈS-VERBAUX.	
		Nombre.	Destination.
31	Contravention à l'article 7, § 3 du Code de la route. *Défaut de guides*, par....,	2	1re, ministère public près le tribunal de simple police. 2e, archives.
32	Contravention à l'article 51 du Code de la route. *Défaut de numéro d'ordre* sur plaque d'identité du cycle de louage, par.....	2	Id.
33	Infraction aux lois des 30 janvier 1907 et 31 décembre 1921 (art. 41). *Défaut de plaque de contrôle à sa bicyclette*, par.....	2	1re, contributions indirectes. 2e, archives.
34	Contravention à l'article 51 du Code de la route. *Défaut de p'aque d'identité* (bicyclette ou automobile), par.....,	2	1re, ministère public près le tribunal do simple police. 2e, archives.
35	Contravention à l'article 5 du Code de la route. *Défaut de plaque d'identité* (voiture à traction animale), par.....	1	Id.
36	Contravention aux articles 27, § 1er, et 32, § 1er du Code de la route. *Défaut de plaque indiquant le constructeur* (automobiles ou remorques, cycles avec moteur auxiliaire), par.....	2	Id.
37	Contravention à l'article 30, § 3 du Code de la route. *Défaut de précautions* prises en quittant son automobile, par.....	2	Id.

RÉPRESSION DES INFRACTIONS.			OBSERVATIONS.
TRIBUNAL compétent.	PEINE ENCOURUE.	TEXTE FIXANT la pénalité.	
Simple police.	6 à 10 fr. d'amende et 1 à 3 jours de prison.	Loi du 30 mai 1851. art. 2, § 2 et art. 5 et C. P., art. 475, § 5.	1 à 3 jours de prison en cas de récidive.
Id.	1 à 5 fr. d'amende.	C. P., art. 471, § 15.	1 à 3 jours de prison en cas de récidive et amende portée à 15 fr. Pour défaut de la plaque de contrôle fiscal, il y a lieu d'exiger caution de 30 francs, et de 60 francs pour vélo avec moteur (loi du 30 juin 1923, article 41).
Id.	1 à 15 rancs, plus quintuple droit fraudé.	Lois des 30 janvier 1907 et 31 décembre 1921, article 41.	A défaut de caution ou de consignation de l'amende, la machine est saisie. Si le contrevenant est inconnu elle est confisquée.
Simple police.	1 à 5 fr. d'amende	C. P., art. 471, § 15.	1 à 3 jours de prison en cas de récidive. Pour les autres véhicules, viser les articles 5 pour les voitures à traction animale, et 27 pour les automobiles.
Id.	1 à 5 fr. d'amende à la charge du conducteur et 6 à 15 fr. à la charge du propriét".	Loi du 30 mai 1851, art. 7.	1 à 3 jours de prison en cas de récidive.
Id.	1 à 5 fr. d'amende.	C. P., art. 471, § 15.	Id.
Id.	Id.	Id.	Id. Est comprise sous cette rubrique, la contravention pour auto quittée, moteur non arrêté.

NUMÉROS D'ORDRE.	ANALYSE DES PROCÈS-VERBAUX ET TEXTES A VISER.	Nombre.	EXPÉDITIONS DES PROCÈS-VERBAUX. Destination.
38	Contravention à l'article 9, § 1er du Code de la route. *Dépassement par la droite* (désigner le véhicule), par.....	2	Id.
39	Contravention à l'article 7, § 4 du Code de la route. *Droite non tenue*, par.....	2	Id.
40	Contravention à l'article 21, § 2 du Code de la route, modifié par le décret du 12 septembre 1925. *Echappement libre*, par.....	2	Id.
41	Contravention à l'article 11, § 3 du Code de la route. *Entrave à la circulation*, par véhicule appartenant à.....	2	Id.
42	Contravention à l'article 9, § 2 du Code de la route. *Espace libre insuffisant*, par.....	2	1re, ministère public près le tribunal de simple police. 2e, archives.
43	Contravention à l'article 8 du Code de la route. *Excès de vitesse*, par.....	3	1re, ministère public près le tribunal de simple police. 2e, au préfet (pour application, article 29, Code de la route. 3e, archives.
44	Contravention à l'article 4, §§ 2 et 4 du Code de la route *Feux irrégulièrement placés*, par..... Ou *Feux non allumés*, par.....	2	1re, ministère public près le tribunal de simple police. 2e, archives.
45	Contravention à l'article 4, §§ 1 et 5 du Code de la route. *Feu rouge invisible* (ou non allumé) (désigner le véhicule), par.....	2	Id.

RÉPRESSION DES INFRACTIONS.			OBSERVATIONS.
TRIBUNAL compétent.	PEINE ENCOURUE.	TEXTE FIXANT la pénalité.	
Simple police.	6 à 10 fr. d'amende, éventuellement 3 jours de prison.	C. P., art. 475, § 3, tous véhicules, sauf les cyclos pour lesquels la pénalité est visée par le même art., § 15.	1 à 5 jours de prison en cas de récidive.
Id.	1 à 5 fr. d'amende.	C. P., art. 475, § 3.	1 à 3 jours de prison en cas de récidive.
Id.	Id.	C. P., art. 471, § 15.	Id. Voir à la fin de ce tableau la circulaire du 27 octobre 1925.
Id.	Id.	Id.	1 à 3 jours de prison en cas de récidive.
Id.	Id.	Id.	1 à 3 jours de prison en cas de récidive. Si l'espace libre n'est pas laissé à un véhicule de transport en commun, viser l'article 42 du Code de la route.
Id.	6 à 10 fr. d'amende	C. P., art. 475, § 4 et art. 476	1 à 5 jours de prison en cas de récidive. Pour les cycles, viser l'article 52 du Code de la route. Le permis de conduire peut être retiré.
Id.	1 à 5 fr. d'amende.	C. P., art. 471, § 15.	1 à 3 jours de prison en cas de récidive.
Id.	Id.	Id.	Id. Pour les automobiles, viser l'article 24 du Code de la route; l'article 37 pour les véhicules de transport en commun, et l'article 49 pour les cycles.

NUMÉROS D'ORDRE.	ANALYSE DES PROCÈS-VERBAUX ET TEXTES A VISER.	EXPÉDITIONS DES PROCÈS-VERBAUX.	
		Nombre.	Destination.
46	Contravention à l'article 24 du Code de la route. *Feux avant non allumés* (automobile), par......	2	Id.
47	Contravention à l'article 24, § 1er du Code de la route *Feu rouge mal placé* (automobile), par.....	2	Id.
48	Contravention à l'article 10, § 1er du Code de la route. *Franchissement irrégulier d'une bifurcation, par.....*	2	Id.
49	Contravention à l'article 17, § 1er du Code de la route. *Frein (Défaut de) ou de système d'enrayage (véhicule à traction animale), par.....*	2	*Voitures particulières pour personnes :* 1re, ministère public près le tribunal de simple police. 2e, archives. *Autres véhicules :* 1re et 2e, préfet ou sous-préfet. 3e, archives.
»	*Fuite* (voir n° 70).	»	»
50	Contravention à l'article 21, § 1er du Code de la route. *Fumée* (automobile), par.....	2	1re, ministère public près le tribunal de simple police. 2e, archives.
51	Contravention à l'article 7, § 3 du Code de la route. *Guides (Défaut de), par.....*	»	»
»	*Laissez-passer (Défaut de).*	»	»

RÉPRESSION DES INFRACTIONS.			OBSERVATIONS.
TRIBUNAL compétent.	PEINE ENCOURUE	TEXTE FIXANT la pénalité.	
Simple police.	1 à 5 fr. d'amende.	C. P., art. 471, § 15.	1 à 3 jours de prison en cas de récidive. Pour les véhicules ordinaires, viser l'article 4 du Code de la route; l'article 37 pour les véhicules de transport en commun, et l'article 49 pour les cycles.
Id.	Id.	Id.	Id.
Id.	Id.	Id.	1 à 3 jours de prison en cas de récidive.
Id.	Id.	Id.	1 à 3 jours de prison en cas de récidive.
Conseil de préfecture.	5 à 30 fr. d'amende, 16 à 200 fr. et 6 à 10 jours de prison pour les voitures publiques.	Loi du 30 mai 1851, art. 5 et art. 6 pour les voitures publiques.	
»	»	»	Voir n° 70.
Simple police.	1 à 5 fr. d'amende.	C. P., art. 471, § 15.	1 à 3 jours de prison en cas de récidive.
»	»	»	Voir n° 30.
»	»	»	Voir n° 61.

NUMÉROS D'ORDRE.	ANALYSE DES PROCÈS-VERBAUX ET TEXTES A VISER.	EXPÉDITIONS DES PROCÈS-VERBAUX.	
		Nombre.	Destination.
52	Contravention à l'article 24, § 5 du Code de la route. *Lumière n'éclairant pas le numéro arrière (automobile), par.....*	2	1re, ministère public près le tribunal de simple police. 2e, archives.
»	*Miroir rétroviseur.* (Voir : *Appareil.*)	»	»
53	Contravention à l'article 30 du Code de la route. *Mise au point bruyante à moins de 100 mètres des habitations, par.....*	2	Id.
54	Contravention à l'article 21, § 2 du Code de la route. *Motocyclette non éclairée, par.....*	2	Id.
55	Contravention à l'article 40, § 1er du Code de la route. *Nom du propriétaire non inscrit sur le véhicule (transport en commun), par.....*	2	Id.
56	Contravention à l'article 40, § 1er du Code de la route. *Nombre de places non affiché (véhicule de transport en commun), par.....*	2	Id.
57	Contravention à l'article 27, § 2 du Code de la route. *Numéros d'ordre non inscrits sur les plaques avant ou arrière (automobile). par.....*	2	Id.
58	Contravention à l'article 27, § 2 du Code de la route. *Numéros d'ordre sur plaques amovibles (ou à la craie) (automobile), par.....*	2	Id.
59	Contravention à l'article 27, § 2 du Code de la route. *Numéros d'ordre invisibles (automobile), par.....*	2	Id.

RÉPRESSION DES INFRACTIONS.			OBSERVATIONS.
TRIBUNAL compétent.	PEINE ENCOURUE.	TEXTE FIXANT la pénalité.	
Simple police.	1 à 5 fr. d'amende.	C. P., art. 471, § 15.	1 à 3 jours de prison en cas de récidive et amende portée à 15 francs. Pour une remorque, viser l'article 32 du Code de la route, § 3.
»	»	»	»
Id.	Id.	Id.	1 à 3 jours de prison en cas de récidive et amende portée à 15 francs.
Id.	Id.	Id.	Id.
Id.	6 à 10 fr. d'amende	C. P., art. 475 § 4.	1 à 5 jours de prison en cas de récidive.
Id.	6 à 10 fr. d'amende	C. P., art 475, § 4.	1 à 5 jours d'emprisonnement en cas de récidive.
Id.	1 à 5 fr. d'amende.	C. P., art. 471, § 15.	Id. Pour une remorque, viser l'article 32, § 2 du Code de la route.
Id.	Id.	Id.	Id.
Id.	Id.	Id.	Id.

NUMÉROS D'ORDRE.	ANALYSE DES PROCÈS-VERBAUX ET TEXTES A VISER.	EXPÉDITIONS DES PROCÈS-VERBAUX.	
		Nombre.	Destination.
60	Contravention à l'article 58 du Code de la route. *Pacage sur une voie intéressant la circulation générale, par.....*	2	1re, ministère public près le tribunal de simple police. 2e, archives.
61	Infraction à l'article 99 de la loi du 25 juin 1920. *Permis de circulation (Défaut de).*	2	1re, contributions indirectes. 2e, archives.
62	Contravention à l'article 30, §§ 1er et 2 du Code de la route. *Permis de conduire non présenté, par.....*	2	Id.
63	Contravention à l'article 29, § 2, du Code de la route. *Permis de conduire non régulier (Modèle A, employé pour la conduite d'une motocyclette), par.....*	2	1re, contributions indirectes. 2e, archives.
64	Infraction à l'article 2 de l'arrêté ministériel du 6 mai 1909. *Permis gratuit (Défaut de).*	2	Id.
65	Contravention à l'article 29, §§ 1er et 2 du Code de la route. *Permis de conduire (Défaut de), par.....*	2	Id.
66	Contravention à l'article 2, § 4 du Code de la route. *Pneumatiques cloutés irrégulièrement, par.....*	2	Id.
67	Contravention à l'article 27, § 1er du Code de la route. *Poids à vide et poids en charge non indiqués, par.....*	2	Id.
68	Contravention à l'article 16 du Code de la route. *Pont franchi en surcharge (ou irrégulièrement), par.....*	2 ou 3	*Pont ordinaire :* 1re, ministère public près le tribunal de simple police. 2e, archives. *Pont suspendu :* 1re et 2e, préfet ou sous-préfet. 3e, archives.

REPRESSION DES INFRACTIONS.			OBSERVATIONS.
TRIBUNAL compétent.	PEINE ENCOURUE.	TEXTE FIXANT la pénalité.	
Simple police.	1 à 5 fr. d'amende.	C. P., art. 471, § 15.	1 à 3 jours de prison en cas de récidive.
Poursuites engagées par l'administration ou transaction.	»	Loi du 25 juin 1920, art. 99, 102 et suivants,	Voir jugement du tribunal de Saint-Etienne à la suite de l'article 29 du Code de la route.
Id.	Id.	C. P, art. 471, § 15.	Id.
Id.	Id.	Id.	,
Id.	»	Id.	,
Id.	Id.	Id.	Id.
Id.	Id.	Id.	Id.
Id.	Id.	Id.	1 à 3 jours d'emprisonnement en cas de récidive.
Id.	Id.	Id.	Id.
Conseil de préfecture.	5 à 30 fr. d'amende	Loi du 30 mai 1851, art. 2, § 1er et art. 4.	

NUMÉROS D'ORDRE.	ANALYSE DES PROCÈS-VERBAUX ET TEXTES A VISER.	Nombre.	EXPÉDITIONS DES PROCÈS-VERBAUX. Destination.
69	Contravention à l'article 2, § 1er du Code de la route. *Pression supérieure à 150 kgr. par centimètre de bandage, par…..*	2	1re, ministère public près le tribunal de simple police. 2e, archives.
70	Contravention à l'article 10 du Code de la route. *Priorité de passage refusée, par…..*	2	Id.
71	Contravention à l'article 32 du Code de la route. *Remorque dont l'attelage est invisible, par…..*	2	Id.
72	Contravention à l'article 32 du Code de la route. *Remorque de plus d'un véhicule, par…..*	2	Id.
73	Contravention à l'article 55, § 2 du Code de la route. *Refus de se ranger (piéton), par…..*	2	Id.
74	Contravention à l'article 45 du Code de la route. *Registre de réclamations refusé (ou inexistant) (transports en commun), par…..*	2	Id.
75	Infraction à l'article 10 de la loi du 30 mai 1851. *Refus de s'arrêter, par…..*	2	1re, procureur de la République. 2e, archives.
76	Infraction à la loi du 17 juillet 1908…. *Délit de fuite, par…..*	2	Id.
77	Contravention à l'article 44 du Code de la route. *Relayeur n'ayant pas signalé l'ivresse d'un conducteur, par…..*	2	1re, ministère public près le tribunal de simple police. 2e, archives.
»	*Rétro-viseur (Défaut d'appareil rétroviseur). (Voir : Appareil.)*	»	»

RÉPRESSION DES INFRACTIONS.

TRIBUNAL compétent.	PEINE ENCOURUE.	TEXTE FIXANT la pénalité.	OBSERVATIONS.
Simple police.	1 à 5 fr. d'amende.	C. P., art. 471, § 15.	1 à 3 jours d'emprisonnement en cas de récidive. Pour les remorques, viser l'article 32 du Code la route.
Id.	Id. emprisonnement de 1 à 3 jours si art. 476. C. P., applicable.	Id. et C. P., art 476.	1 à 3 jours d'emprisonnement en cas de récidive. Ou, 1 à 5 jours, si l'article 476 du Code pénal a été appliqué.
Id.	1 à 5 fr. d'amende.	C. P., art. 471, § 15.	1 à 3 jours d'emprisonnement en cas de récidive.
Id.	Id.	Id.	Id.
Id.	Id.	Id.	Id.
Id.	Id.	Id.	Id.
Tribunal correctionnel.	16 à 100 francs d'amende.	Loi du 30 mai 1851, art. 10.	Nous ne respectons pas ici l'ordre alphabétique, car nous avons jugé utile de rapprocher ces deux délits souvent confondus.
Id.	6 jours à 2 mois de prison et 16 à 200 fr. d'amende.	Loi du 17 juillet 1908.	
Simple police.	1 à 5 fr. d'amende.	C. P., art. 471, § 15.	1 à 3 jours d'emprisonnement en cas de récidive.
»	»	»	»

NUMÉROS D'ORDRE.	ANALYSE DES PROCÈS-VERBAUX ET TEXTES A VISER.	Nombre.	EXPÉDITIONS DES PROCÈS-VERBAUX. Destination.
78	Contravention à l'article 6, § 3 du Code de la route. *Siège formant saillie*, par..... ,	2	1re, ministère public près le tribunal de simple police. 2e, archives.
79	Contravention à l'article 11, § 1er du Code de la route. *Stationnement sans nécessité*, par.....	2	*Petite et grande voiries :* 1re, ministère public près le tribunal de simple police. 2e, archives.
80	Contravention à l'article 2, § 2 du Code de la route. *Tables de roulement* ayant causé des dégradations anormales, par.....	2	1re et 2e, préfet ou sous-préfet. 3e, archives.
81	Contravention à l'article 50, § 1er du Code de la route *Timbre avertisseur (Défaut de)*, par.....	2	1re, ministère public près le tribunal de simple police. 2e, archives.
82	Contravention à l'article 32, § 8 du Code de la route. *Train automobile* circulant sans autorisation, par.....	2	Id.
83	Contravention à l'article 14, §§ 1er et 2 du Code de la route *Transports de poids exceptionnels non autorisés*, par.....	2	Id.
84	Contravention à l'article 56 du Code de la route. *Troupeau mal conduit*, par.....	2	Id.
85	Contravention à l'article 3, §§ 1er et 2 du Code de la route. *Véhicules hors gabarit*, par.....	2	Id.
86	Contravention à l'article 11, § 4 du Code de la route. *Véhicule (ou chargement) accidenté* formant obstacle et non éclairé, par.....	2	Id.
87	Contravention à l'article 2 du Code de la route. *Véhicule servant au transport des voyageurs (ou au transport des marchandises) non muni de bandages élastiques*, par.....	3	1re et 2e, préfet ou sous-préfet. 3e, archives.

| RÉPRESSION DES INFRACTIONS. | | | OBSERVATIONS. |
TRIBUNAL compétent.	PEINE ENCOURUE.	TEXTE FIXANT la pénalité.	
Simple police.	1 à 5 fr. d'amende.	C. P., art. 471. § 15.	1 à 3 jours d'emprisonnement en cas de récidive.
Id.	Id.	C. P., art. 471. § 4 et loi du 30 mai 1851, art. 2, § 2.	Id.
Conseil de préfecture.	3 à 50 fr. d'amende et frais de la réparation.	Loi du 30 mai 1851, art. 9.	»
Simple police.	1 à 5 fr. d'amende.	C. P., art. 471. § 13.	Emprisonnement de 1 à 3 jours en cas de récidive. (Voir : Cycles.)
Id.	Id.	Id.	Id.
Id.	Id.	Id.	Id.
Id.	Id.	Id.	Id. Conducteurs pas assez nombreux; toute la chaussée occupée; stationnant sur la chaussée.
Id.	Id.	Id.	Emprisonnement de 1 à 3 jours en cas de récidive.
Id.	Id.	Id.	Id.
Conseil de préfecture.	5 à 30 fr. d'amende	Loi du 30 mai 1851, art. 4.	Le procès-verbal doit signaler si les bandages ont dégradé la route.

Circulaire du 27 octobre 1925 adressée par le Ministre de l'intérieur à MM. les préfets.

Le décret du 12 septembre 1925, publié au *Journal officiel* du 17 septembre dernier, a interdit d'une manière absolue l'usage des dispositifs d'échappement libre sur tout véhicule automobile.

D'après l'article 21 du décret du 31 décembre 1922, l'emploi d'un dispositif d'échappement silencieux n'était obligatoire que dans deux hypothèses :

1° Dans la traversée des agglomérations en toutes circonstances;

2° En rase campagne, en cas de croisement ou de dépassement de bestiaux ou animaux de selle, de trait ou de charge susceptibles d'être effrayés par le bruit et de provoquer des accidents.

L'usage de la faculté de se servir de l'échappement libre hors des agglomérations et en l'absence des bestiaux et animaux de selle, de trait ou de charge, a donné lieu à des abus que de nombreuses assemblées délibératives locales ont signalés et qui ont imposé sa suppression.

J'appelle toute votre attention sur l'intérêt qui s'attache, au point de vue de la sécurité publique, à la stricte observation des dispositions nouvelles et à la suppression des abus caractéristiques d'échappement libre qui pourront être constatés.

Je dois vous signaler, cependant, que les moteurs de certains véhicules automobiles, et notamment, des motocyclettes, sont parfois bruyants à raison du caractère rudimentaire du dispositif d'échappement silencieux dont ils sont pourvus, en conformité du type reçu par le service des mines. Ce n'est donc que si le véhicule portait un dispositif spécial permettant de rétablir l'échappement libre, ou si son examen révélait la suppression manifeste du dispositif réglementaire d'échappement silencieux qu'il y aurait lieu de donner suite aux procès-verbaux constatant les contraventions au décret du 12 septembre 1925.

Je vous prie de vouloir bien m'accuser réception de la présente circulaire et de donner aux services de police placés sous vos ordres toutes instructions utiles pour en assurer l'exécution.

Arrêtés préfectoraux et municipaux complétant, dans la circonscription, les dispositions du décret du 31 décembre 1922.

Code de la route.

TABLE DES MATIÈRES

A.

R.

CHARLES-LAVAUZELLE ET Cie. — PARIS, LIMOGES, NANCY. — 1926.